Quelle est la couleur de votre ciel ?

Sept étapes pour
créer un futur
au-delà de vos rêves

par

HERVÉ DA COSTA

L'édition originale de cet ouvrage a été publiée aux États-Unis
par Blue Sky Events Publishing sous le titre What Color Is Your Sky?
Copyright © 2016 by Hervé Da Costa. All rights reserved.
Library of Congress Catalog Card Information on file with the publisher.
ISBN-13: 978-1523920860
ISBN-10: 1523920866

What Color is Your Sky® est une marque déposée
de Blue Sky Events, LLC (USA & Europe).

Pour toute information contacter l'éditeur:
Blue Sky Events Publishing
info@ whatcolorisyoursky.com

Traduction: Marine Rocamora | marine9rocamora@gmail.com
Edition finale: Marie Mansy
Producteur: Doug Crowe | www.authoryourbrand.com

© 2017, Hervé Da Costa. Tous droits réservés.

Aucune représentation ou reproduction, même partielle, autre que celles prévues à l'article L. 122-5 2° et 3° a) du code de la propriété intellectuelle ne peut être faite sans l'autorisation expresse de Blue Sky Events Publishing ou le cas échéant, sans le respect des modalités prévues à l'article L. 122-10 dudit code.

ISBN-13: 978-1545107058
ISBN-10: 154510705X

SOMMAIRE

Remerciements 1
Introduction 5
Sept étapes pour créer un futur au-delà de vos rêves 13
    Le Cycle de la Sueur et de l'Esprit 19
Apaiser son mental 25
    Mon histoire personnelle 25
        La pratique de focaliser son attention 34
    Trouver l'œil du cyclone 36
Visualiser la Réussite 39
    Révélez l'Univers des Possibles 39
    La réussite commence avec une décision 43
    Définir votre Courbe Verte 44
        La pratique de visualiser sa réussite 47
        Etude et pratiques avancées 49
Reverse-Engineer le Futur 51
    Créer votre futur à partir de la certitude de ce que vous voulez 51
    Faire de chaque jour une journée immense 58
    La Pratique Délibérée du Matin (PDM) 59
    PDM avancée 62
    Lettre d'un client 65
Révèle-toi ! 67
    Que faire lorsque vous vous sentez au plus bas ? 71
    Comment nourrir votre détermination à réussir ? 72
        Mon histoire personnelle 72
    Créer votre réalité 78
        La pratique d'être en contrat avec soi-même 79
        Exemples forts de contrats 79
    Comment lutter contre le découragement ? 81
        10 Manières pour se débarrasser du découragement 81
Lève-toi et marche, maintenant 85
De meilleurs résultats avec moins d'efforts 85
    La pratique du point de contrôle 88
    Développer sa maîtrise du temps 91
    La pratique de la ponctualité 93
Respecter ses accords 96
    La pratique de confronter un accord rompu 101

Communiquer efficacement 102
   Donner et Recevoir du feedback – Développer sa responsabilité ... 103
   La pratique de demander du feedback 116
Maîtriser l'Écoute 118
   La pratique de l'écoute profonde 119
   Pratiques d'écoute avancées 121
Tenir sa parole et agir 123
   S'engager massivement dans l'action 130

Les pratiques pour passer à un autre niveau de puissance 133
   La Pratique de la discipline, de la persistance et de la détermination. . 133
   La pratique de regarder sa responsabilité 137
   La pratique des 3 doigts 142
   La pratique d'opérer dans sa zone d'excellence 146
   La pratique d'apprendre à apprendre 155
   Pratiques avancées pour apprendre à apprendre 156
   La pratique du Feedback de 30 secondes 157
   La pratique de 5 actions par jour 160
Obtenir l'aide et le soutien dont on a besoin 161
   La pratique des 6 questions proactives 164
   Pratiques avancées et travail en profondeur 165

Révéler et honorer le but de sa vie 167
   Apprendre à révéler et nommer le but de sa vie en 5 minutes 175
   Qu'est-ce que le succès ? 177
   Pratiques avancées et travail en profondeur 179

Nourrir son Âme et son Esprit 181
Vivre à partir de qui je suis vraiment 181
   L'histoire de Sébastien 181
   La voix de mon âme et la voix de ma sagesse 183

Honorer son Âme et son Esprit 187
   La pratique de la gratitude et de l'appréciation 189
Faire la paix avec la Voix du Doute 190
Découvrir sa grotte d'Ali Baba 196
Arrêter son saboteur interne 199
   La pratique d'observer ses croyances 200
Arrêter les saboteurs autour de vous 201
   Pratiques et concepts avancés 206
Se relier à un état suprême 206
   Une pratique simple de méditation (accessible à tous) 209
   Pratiques avancées et travail en profondeur 210

Quelques mots sur le courage et être au service des autres 211
   Nos peurs les plus profondes 211

Devenir un maître 215
   Aller plus loin avec Hervé Da Costa 215

Remerciements

Mon père, Claude Da Costa, travailla presque toute sa vie pour les Nations Unies. Il fut premier ministre au Congo pendant une période courte au cours de laquelle il organisa les premières élections libres à Brazzaville. Je lui suis reconnaissant de m'avoir montré comment il était possible d'avoir un impact sur un pays tout entier. Grâce aux difficultés qu'il a rencontrées, avec les effets dévastateurs de la corruption, de la cupidité et des intérêts personnels, j'ai appris l'importance d'avoir une éthique et une discipline personnelles.

Je remercie ma mère, Marcelline Da Costa. Son père Marcel Laubhouet fut un pilier dévoué et respecté du gouvernement de Côte d'Ivoire lorsque cette nation émergea en tant que pays libre. Elle soutint les projets de mon père et grâce à elle, j'appris beaucoup sur la sagesse de la simplicité, sur le sens du sacrifice et sur l'amour inconditionnel.

Je remercie mon épouse, Annick Da Costa, pour son amour inébranlable, pour sa présence, son soutien et sa capacité à accomplir les choses. Elle a été mon co-leader et est restée à mes côtés lorsque mes expériences et mes découvertes prenaient un tour désastreux. Je remercie mes filles Pauline et Élise d'être mes "coachs", de m'avoir appris à écouter, à être attentif et de m'avoir fait découvrir une capacité à l'amour bien plus grande que tout ce que j'aurais pu imaginer.

Je remercie Carole Kammen, Jody Gold, Tina Benson et Lynn Lumbard de Temenos et du Pathways Institute à Mill Valley en Californie, pour m'avoir donné l'opportunité de co-animer des douzaines de séminaires intensifs de développement personnel pendant plus de 10 ans. Ma vie a été transformée grâce à leurs enseignements sur la maîtrise de soi. Je n'ai pas les mots pour exprimer l'ampleur de ma gratitude. J'espère que vous serez heureuses de savoir que sans vos enseignements, je n'aurais pas été capable d'influencer moi-même des milliers de leaders à travers le monde. Je continuerai à le faire jusqu'à ma mort. Et je souhaite remercier du plus profond de mon cœur Guy Cohen, qui a réussi à me faire surmonter ma tendance à croire que je sais tout et ma peur de l'inconnu pour me convaincre d'assister à mon premier séminaire de développement personnel à Mill Valley. Guy, je n'ai pas assez de mots pour exprimer tout ce que tu as fait pour moi.

Je remercie Tim Kelley, l'auteur du best-seller *True Purpose*, pour son coaching impartial et ses commentaires brutalement honnêtes, ainsi que pour ses conseils concernant ma mission de vie. Tim, j'ai un immense respect pour toi.

Je remercie l'Université de Californie à Berkeley, où j'ai été le premier étudiant africain à être admis au Département d'Ingénierie. Merci d'avoir permis à mes recherches de contribuer aux travaux sur Unix BSD et d'avoir ainsi aidé à créer une brèche dans l'univers, en participant à la création d'Internet. Je suis reconnaissant pour cette incroyable opportunité d'avoir travaillé pendant des années avec les chercheurs et l'administration de Xerox PARC, le lieu de naissance mythique de technologies qui continuent de changer le monde. Dans l'environnement incroyablement dynamique de la Silicon Valley, j'ai appris beaucoup sur l'entrepreneuriat, à savoir inspirer les gens et à savoir innover. Mystérieusement, dans ce milieu high-tech, l'ingénieur critique et l'athée convaincu que je suis s'est ouvert à la spiritualité.

Je remercie les chercheurs et l'administration de Scientific Learning à Berkeley et à Oakland, où je suis devenu un dirigeant de l'entreprise. J'ai beaucoup appris sur la plasticité cérébrale et sur notre capacité à créer de nouveaux chemins neurologiques grâce à une pratique et une concentration soutenues. C'est aussi là que j'ai appris à monter une start-up, tout en contribuant à un objectif qui a grandement amélioré les capacités d'apprentissage de plus d'un million d'écoliers. Je remercie l' EM Lyon Business School, une des meilleures écoles de commerce françaises, pour m'avoir donné la possibilité de comprendre en profondeur la stratégie d'entreprise et la gestion du changement. Merci de m'avoir donné la chance d'enseigner le leadership à des centaines de participants au programme MBA et d'affiner ma méthode pour créer des équipes d'innovation hyper performantes. Je remercie en particulier Dan Evans, Chief Innovation Officer à EM Lyon Business School pour son aide, ses conseils et sa grande générosité. Pendant plus de dix ans, j'ai accompagné des centaines d'équipes de projet composées de cadres supérieurs, sur des périodes allant de trois à neuf mois. Je remercie ces participants, qui ont fini par devenir mes clients en coaching. Tout ceci m'a permis d'arriver à la conclusion qu'avec une bonne méthodologie, une bonne stratégie, une bonne structure, et avec suffisamment d'encouragements, chacun peut atteindre des résultats insoupçonnés.

Je remercie le Center for Creative Leadership de m'avoir permis d'accompagner de nombreux dirigeants. Je remercie Kerry Costello pour son amitié, sa confiance et pour l'opportunité d'accompagner les cadres «haut-potentiels» à l'Université Groupama. Je remercie Fabio Di Mario pour son support constant et pour me permettre de créer des «Leadership Boot Camps» à SPIE. Je remercie mes clients et les personnes qui ont relu mes livres, pour leurs anecdotes, leurs commentaires et leurs conseils. Je remercie les centaines de personnes à travers le monde qui m'ont enseigné l'humilité, une détermination à toute épreuve, et à vivre délibérément en pleine conscience.

Introduction

Notre histoire commence un jour pluvieux à Paris, lors de la conférence annuelle organisée par une des plus grandes entreprises françaises. Le directeur des ressources humaines avait sélectionné un Centre des Congrès situé près des mondialement célèbres Champs-Élysées, un endroit prestigieux pour l'événement, qui accueillait près d'une centaine des plus importants directeurs et gestionnaires en ressources humaines de l'entreprise. Il s'agissait d'un moment clé, au cours duquel on allait établir une nouvelle stratégie pour transformer l'entreprise – essentiellement tournée vers le marché français – en une entité internationale, cotée en bourse.

En tant que formateur en leadership pour le programme des top talents, je fus invité à donner un discours d'une heure à ce public d'initiés. Les instructions étaient assez simples :

S'il vous plaît, renforcez leur moral, donnez-leur des défis et montrez-leur à quel point nous nous investissons pour aider nos cadres supérieurs à s'améliorer.

La requête implicite était :

Aidez-nous à changer leur état d'esprit pour qu'au lieu d'être des cadres occupés, ils deviennent des leaders stimulants.

Cela semblait une mission presque impossible, mais extrêmement passionnante. Imaginez de quoi 90 experts en ressources humaines peuvent être capables !

En ce jour pluvieux, je posais une question simple au groupe :

Quelle est la couleur du ciel aujourd'hui ?

Le ciel est gris, m'ont répondu la plupart. Je souriais.

Je vous entends, et bien vous êtes un groupe très cultivé. Néanmoins, je vous repose la question : Quelle est la couleur du ciel aujourd'hui ?

Plusieurs personnes se regardèrent, perplexes. Tous essayaient de déceler le sens plus profond de ma question. Dehors, le ciel était gris. De quel ciel pouvais-je bien être en train de parler ?

Le ciel est gris ! répétèrent plusieurs personnes, mais avec moins d'assurance.

Chers collègues, avec tout le respect que je vous dois, laissez-moi vous donner encore une opportunité de reconsidérer ma question. Combien de personnes ici présentes pensent-elles que le ciel est gris ?

Quelques rires fusèrent. Des mains se levèrent dans la salle. Tous les participants étaient intrigués.

Et bien, chers collègues, en effet ; les nuages que l'on voit aujourd'hui sont gris. Pourtant, le ciel est bleu – comme tous les jours.

Je les ai observés alors qu'ils prenaient conscience du sens de mes paroles. J'en vis certains sourire. D'autres hochèrent la tête.

Le gris, c'est la couleur de nos obstacles, de notre réalité quotidienne.

Ce sont les nuages qui nous empêchent de voir une réalité plus importante. Ils nous empêchent de percevoir notre vrai potentiel, nos possibilités. Ils limitent notre vision et nos attentes. À cause d'eux, nous confondons nos obstacles avec nos rêves et nos ambitions.

Quelle est la couleur de votre présent ?

Quelle est la couleur de votre avenir ?

Quelle est la couleur de votre ciel ?

J'ai reçu des réactions extrêmement positives à ma présentation. J'ai alors réalisé qu'il était temps de partager ce message avec le monde. Avec du recul, je sais que je n'étais pas encore prêt à les pousser plus loin. Aujourd'hui, j'ajouterais une question :

Votre objectif est-il simplement de survivre en tant que groupe, ou de faire décoller votre entreprise ?

Ce livre a pour objectif de libérer la puissance qui se trouve déjà en vous. Je veux que vous la laissiez s'exprimer pleinement, pour faire décoller votre vie.

Naturellement, vous rencontrerez des obstacles sur le chemin de la réussite. Il faut toujours s'y attendre. Vous allez découvrir que la plupart viennent en réalité de vous, et vous allez aussi apprendre à les éliminer. Ce faisant, vous allez aussi rencontrer de puissants alliés en vous.

Par exemple, vous avez peut-être remarqué que votre mental tient souvent un discours interne. C'est comme si votre esprit adoptait plusieurs points de vue, et certains sont en contradiction. Je vais vous apprendre à être attentif à ces discussions et à écouter ce qui est dit. Vous allez prendre davantage conscience de vos voix intérieures et du pouvoir qu'elles exercent sur vous – et vous découvrirez qu'elles détiennent souvent des informations extrêmement précieuses.

Il y a une voix précise en vous qui tient fortement à vous voir réaliser votre potentiel. Cette partie en vous est uniquement tournée vers la réussite, et elle est déterminée. Elle a une vision positive de ce que vous pouvez accomplir, et elle a confiance en vous pour emmener votre vie dans les plus hautes sphères. C'est elle qui vous a fait ouvrir ce livre.

Félicitations ! En écoutant cette voix, vous avez déjà franchi la première étape vers ce qui est possible !

Cette voix en vous souhaite que vous appreniez à vivre de manière plus complète. Elle désire vous voir vous épanouir, être joyeux et scandaleusement vivant. Elle a le pouvoir de vous faire lire ces premières pages – et le reste de ce livre – pour que vous appreniez à vivre pleinement. Et surtout, elle a le pouvoir de vous soutenir tout au long de ce voyage exaltant : celui de l'élaboration de votre futur. C'est la voix qui vous dit constamment : *Bien sûr que tu peux ! Commençons dès maintenant.* C'est la *Voix de la Réussite*.

Votre premier défi, c'est de découvrir les objectifs que vous souhaitez atteindre, et pourquoi. Le prochain défi sera d'y parvenir – pas simplement de lire des choses sur le sujet, mais de vous mettre à accomplir des choses vraiment surprenantes, de passer de la parole aux actes. Ce livre va vous aider à dynamiser votre vie et à organiser votre plan d'action grâce à sept étapes puissantes et efficaces.

Bienvenue, Voix de la Réussite !

Vous remarquez qu'il existe une autre voix en vous, très différente. Elle a tendance à douter ; elle est critique, sceptique et craintive. Elle connaît de nombreux moyens pour vous persuader que vous ne pouvez pas accomplir ceci ou cela. Cette voix est peut-être en train de vous dire que c'est encore une autre opération marketing, une nouvelle manière de vous vendre un rêve qui ne se réalisera pas.

Peut-être que cette partie de vous vous réprimande, vous dit d'avoir des objectifs plus modestes, que les rêves ambitieux sont trop risqués, ou réservés à d'autres ; ou simplement, que vous ne les réaliserez pas. Elle vous donne de nombreux arguments pour vous faire reporter des décisions importantes ou pour vous empêcher d'agir. Elle peut vous entraver, vous empêcher d'avancer.

C'est la Voix du Doute.

La Voix du Doute dit constamment, *Oui, mais...* ou *Qu'est-ce que qui te fait croire que tu peux faire ça ?* ou *Encore un plan douteux...*

Je vais à présent prendre un instant pour m'adresser à votre Voix du Doute.

Chère Voix du Doute,

Ta présence est protectrice, et nous te rendons hommage. Ta fonction est importante et nous n'essayons en aucun cas de t'éliminer.

Toutefois, nous essayons d'attirer l'attention du lecteur suffisamment longtemps pour que sa Voix de la Réussite puisse mettre au point un plan d'action convaincant et efficace en lisant ce livre. Nous avons besoin d'un peu de temps pour le mettre en œuvre, et aussi pour qu'elle réalise que tout cela est bien réel et que cela n'implique pas de faire des choses risquées ou dingues.

Nous garderons contact avec toi régulièrement et nous te rappellerons – c'est la promesse que nous te faisons. Nous n'en avons pas pour longtemps ; tu ne seras pas abandonnée et nous ne te manquerons pas de respect. Nous nous assurerons que tu gardes une place utile et précieuse au cours de notre voyage. Sois rassurée, ton rôle dans ce voyage est essentiel. Tu vas te rendre compte que nous avançons dans une direction très bénéfique. Merci pour ta compréhension et pour ta patience.

À présent, si tu es d'accord, nous pouvons continuer à lire.

Ce livre va vous montrer comment participer proactivement à la peinture magnifique qu'est votre vie. Vous allez créer des résultats surprenants tout en trouvant la sérénité et le feu intérieur, grâce auquel vous vous sentez incroyablement vivant.

Il s'agit de s'associer à la vie pour créer de la joie, à des niveaux que vous n'avez jamais appréhendés auparavant. À la fois dans le monde extérieur, dans le réel, mais aussi dans votre monde intérieur. Cela vous encouragera à faire des efforts pour prendre soin de votre âme. Vous allez éveiller le leader en vous, le capitaine de votre âme.

Ce livre va bien au-delà des mentalités classiques, comme "penser riche", "quel état d'esprit adopter pour que cela m'arrive" ou "les principes de vie des millionnaires". Bien que ces mentalités puissent être stimulantes, elles ne sont pas toujours les meilleurs catalyseurs. Ne vous méprenez pas sur mes propos. La plupart des ouvrages de ce type proposent des conseils très utiles ; mais selon moi, ils ne motivent pas suffisamment les lecteurs à agir et réaliser des actions concrètes. Au contraire, ce livre est un guide et vous pourrez vous y référer régulièrement, vous pourrez le relire plusieurs fois à mesure que différentes sections deviendront cruciales en fonction de votre évolution.

Il s'agit de vous coacher vous-même. D'apprendre à utiliser les talents, les capacités et les connaissances concrètes que vous avez amassés pendant des années. De puiser dans la passion illimitée qui sommeille au fond de vous. Ce livre détient la clé d'un système qui vous permettra d'utiliser vos talents, vos capacités, vos connaissances et votre passion.

Pourquoi est-ce que je veux vous y aider ? Et bien, la joie intérieure vaut plus que tout l'or du monde. Vous aussi, vous pourriez découvrir que rien n'enrichit davantage votre âme que d'entendre un autre individu vous dire :

Merci pour votre aide.

Merci de m'avoir donné de nouvelles alternatives.

Vous avez fait une grande différence dans ma vie.

Je n'ai plus jamais été comme « avant », merci.

C'est ma mission de vie.

Et j'espère que vous aussi, vous aiderez d'autres personnes déterminées. Mais pour l'instant, occupons-nous de vous aider, vous, et de créer ensemble quelque chose à montrer aux autres.

Pourquoi suis-je qualifié pour vous aider dans cette démarche ? Pour le formuler simplement, au cours des années, j'ai eu l'immense privilège de réaliser mes rêves, les uns après les autres. Je suis devenu coach en leadership et j'ai pu transmettre les méthodes que j'ai acquises avec l'expérience. Après avoir coaché des milliers de personnes venant de tous les horizons dans plus de trente pays, des femmes au foyer, des étudiants et des dirigeants, j'ai pris conscience que le processus et les résultats sont invariablement les mêmes : l'étonnement, l'excitation, puis de grands sourires. Je souhaite partager avec vous ce qui a fonctionné, et qui continue de fonctionner partout dans le monde.

La vie est difficile. La vie est pleine de défis. C'est vrai pour tout le monde, peu importent les apparences. Je veux vous parler d'une méthode pour élaborer votre plan d'action, et vous donner envie de sauter du lit chaque matin avec enthousiasme pour le mettre en œuvre. Une possibilité fascinante, n'est-ce pas ? Il ne s'agit pas d'être un intellectuel de haut niveau ; simplement de mettre en pratique ce qui est à la portée de chacun d'entre nous, et de le faire dans l'ordre, en suivant les bonnes étapes.

Pourquoi est-ce que ça fonctionne ? Ce livre présente un système complet, une approche pas à pas qui vous permet de faire des progrès chaque jour. Ce voyage se construit jour après jour, un résultat concret après l'autre. J'ai bien conscience que vous êtes certainement très occupé, et que même simplement trouver le temps de lire peut être difficile. Certains lecteurs choisissent de ne pas lire plus d'un chapitre par jour, voire pas plus d'un chapitre par semaine. Ces chapitres ont été conçus pour être courts et succincts, afin que vous puissiez adapter votre lecture à votre emploi du temps chargé. Le côté excitant, c'est que dès demain, vous allez découvrir comment ça marche.

Je vous conseille vivement de vous procurer un carnet de notes pour marquer vos impressions, vos envies et vos idées, ainsi que les sujets que vous désirez approfondir. Il sera votre compagnon de route au cours de ce voyage. Il sera votre cahier *Ciel Bleu*. Vous allez faire l'expérience de la réussite chaque jour en faisant des choses en accord avec ce que nous appelons la Courbe Verte.

C'est comme ce vieux dicton africain :
Q : *Comment mange-on un éléphant ?*
R : *Une bouchée à la fois.*

Bien sûr, le plus difficile dans tout cela, c'est de garder l'appétit ! Toutefois, nous trouverons ensemble le moyen de rendre chaque bouchée délicieuse.

Pour être motivé à fournir de grands efforts, nous devons savoir pourquoi nous les faisons. C'est ce *"Pourquoi?"* qui est au cœur de notre investissement. Pourquoi quelqu'un se donnerait-il du mal pour accomplir quelque chose, s'il n'est pas stimulé par un sentiment passionné ?

> *"On en vient à aimer son désir et non plus l'objet de son désir."*
> – Nietzsche

Nous allons commencer par identifier vos désirs personnels, vos rêves cachés et la source de votre feu intérieur. Une grande partie du secret réside là. Ensuite, nous nous concentrerons sur les moyens de garder votre feu intérieur vivant, d'apprécier chaque moment, et nous identifierons la première étape à suivre pour passer à l'action. Une fois que vous aurez déterminé cette étape, il s'agira de vous coacher chaque jour.

Dans chaque chapitre de ce livre, vous trouverez des techniques performantes et de nombreuses suggestions et références pour vous aider à vivre pleinement l'efficacité de ce système. Ces techniques, étayées par les articles et les lectures recommandés tout au long de cet ouvrage, sont le résultat de plus de vingt ans de recherches et d'expérimentations avec des centaines de participants à mes séminaires. Pourtant, vous pourrez les adapter à vos propres caractéristiques et à votre environnement. Préparez-vous à vivre quelques moments d'étonnement sincère et même avec un grain de joyeuse folie.

Je vous souhaite la bienvenue, le cœur plein de joie et d'enthousiasme.

Attachez vos ceintures.

Sept étapes pour créer un futur au-delà de vos rêves

Étude de cas

Christophe a environ 45 ans. Il a été le propriétaire et gérant d'un restaurant étoilé au guide Michelin dans une station de ski européenne. Il vend à présent son restaurant et il s'interroge sur ce qu'il va faire ensuite. Il a été un entrepreneur pendant la plus grande partie de sa vie professionnelle, et il envisage de devenir le propriétaire principal d'une entreprise de construction. Il m'a contacté pour obtenir des conseils. Lors de notre première conversation, nous avons exploré ce que serait idéalement notre travail ensemble.

Christophe, pour quelle raison m'avez-vous contacté ?

Hervé, en l'état actuel, je suis un peu perdu. Je me dis qu'acheter cette entreprise de construction est peut-être une grosse erreur. Je suis déprimé et je n'arrive plus à trouver d'intérêt à ce que je fais. Je suis en plein bouleversement émotionnel, et quelqu'un m'a conseillé de contacter un coach pour essayer de comprendre ce qui m'arrive. Un autre "executive coach" vous a recommandé. J'aimerais savoir ce que vous pouvez faire pour moi ?

C'est ce que je dois découvrir. J'aide les hauts potentiels à se réaliser. S'il vous plaît, parlez-moi de ces bouleversements émotionnels.

Je veux devenir un PDG respecté. J'ai un CV solide, mais je suis loin d'avoir le pedigree de certains des meilleurs PDG que je connais. Je suis un autodidacte. Je pense à obtenir un Executive MBA pour étoffer mon CV. Pourtant, je n'ai pas envie de faire tout ce travail loin de ma famille. Je sais que je vais exploser si je fais ça. J'ai besoin de mes activités de week-end.

De quoi avez-vous vraiment envie ?

En fait, je ne sais pas. Il y a beaucoup de possibilités, mais aucune ne m'attire.

Qu'est-ce que vous vous dites à vous-même ?

Que j'ai besoin de légitimité pour m'attaquer à un plus gros projet. Que je dois prouver aux autres, et à moi-même que je peux être un dirigeant respecté. J'avais de mauvaises notes à l'école ; si je postulais pour des positions importantes, il est probable qu'on ne me considérerait pas.

Est-ce que c'est ce que vous voulez, postuler pour un emploi dans une entreprise ?

Oui et non. Ça dépend. Je ne pense pas que j'arriverais à supporter une structure institutionnelle, ni des personnes médiocres à des postes plus élevés que moi.

Admettons que vous obteniez un Executive MBA, comment saurez-vous si vous êtes bon ou pas ? Est-ce que vous pensez être bon, là, dans l'instant ?

C'est le problème – je n'en ai aucune idée.

Très bien. À présent s'il vous plaît, dites moi, quelle est votre mission de vie ?

Je n'en ai aucune idée.

Quel genre de travail trouvez-vous réellement significatif ?

J'adore que mes clients quittent mon restaurant en ayant connu une superbe expérience.

Très bien. Certainement, être le propriétaire et le gérant d'un restaurant est un accomplissement très respectable. Pourquoi vous sentez vous si peu sûr de vous ?

Vous savez, dans ma famille, reconnaître sa valeur était presque un péché mortel.

Et bien, en ce moment vos parents ne sont pas avec nous, et je ne vous juge pas en fonction de ce que vous pensez de vous-même. Alors, à quel point êtes-vous bon ?

Je ne suis pas capable de l'évaluer moi-même. Vous devriez demander à mes employés.

Vous me semblez comme ces cadres qui se trouvent des excuses pour justifier qu'ils ne donnent pas le meilleur d'eux-mêmes dans leur emploi actuel. Est-ce que vous êtes devenu paresseux dans votre travail, avez-vous pris vos aises ? Je l'entends beaucoup de la part de cadres qui se plaignent constamment.

J'admets que je n'ai pas toujours fait de mon mieux ces derniers temps. Je pense que les choses sont devenues trop faciles. Je suis d'accord pour dire que j'ai trouvé un rythme de croisière tranquille depuis quelques temps.

Je suis content que vous en ayez conscience, Christophe. Laissez-moi essayer de résumer ce que j'entends. Je vois trois quêtes : d'abord, vous souhaitez redynamiser votre confiance en vous. Est-ce correct ?

Je n'ai aucune confiance en moi. C'est très difficile.

Ensuite, vous devez éclaircir ce qui est important dans votre vie, pour avoir des projets significatifs dans lesquels vous vous exprimerez totalement. Vous ne pouvez plus continuer en tant qu'entrepreneur. Il est temps pour vous de passer à l'étape suivante. Est-ce correct ?

Absolument.

Enfin, vous souhaitez améliorer vos capacités de dirigeant, apprendre à vous structurer, et créer des résultats qui feront de vous un meilleur dirigeant. Est-ce correct ?

C'est correct, absolument ! Quand pouvons-nous commencer ? Est-ce que vous pouvez m'aider pour ces trois choses ?

Je ne suis pas encore certain d'être la personne qu'il vous faut.

[Pause] Je ne comprends pas.

Vous parlez et vous vous comportez comme un homme des cavernes qui brandirait un énorme os de mammouth.

[Silence confus]

Vous n'êtes pas sûr de grand-chose en ce qui vous concerne. Vous avez créé une montagne de doutes dans votre esprit, alors que vous possédez déjà un palmarès impressionnant de résultats concrets à votre actif. Vous cherchez à être rassuré sur vos compétences et sur vos capacités. Votre caverne du doute n'a pas de fond. J'ai bien conscience que vous avez grandi dans un environnement hostile, où les retours positifs et les encouragements n'ont pas été nombreux. Vous avez survécu et vous avez connu la réussite malgré tout. Pourtant, vous dites que vous êtes un dirigeant sans valeur et que vous avez besoin de gagner en légitimité. Je crains que, quel que soit le nombre de validations positives que vous receviez, vous ne parveniez pas à remplir votre caverne. Il serait épuisant pour moi d'essayer de vous y aider.

[Pause] Je comprends votre point de vue. Je n'ai pas l'habitude de reconnaître ma valeur.

C'est pire, Christophe. Vous avez l'air d'utiliser cet os, cette arme, pour vous frapper constamment. Vous dites : « Personne ne va vouloir de moi, je ne survivrai pas dans un programme éducationnel structuré, j'ai besoin de mes passe-temps et d'une vie sociale pour survivre, et mon CV n'est pas assez bon. » C'est une quantité impressionnante de déclarations destinées à vous saborder. Peut-être même que vous les croyez sincèrement. Dites-moi, que gagnez-vous en vous frappant constamment de la sorte ? À long terme, vous allez vraiment avoir du mal à réussir avec ce genre de comportement.

J'ai grandi de cette manière. Vous devriez entendre ma mère.

Je vais être direct et sincère avec vous, Christophe : ceci ressemble à une excuse. Personne d'autre que vous n'est en train de dire cela. Je n'entends personne d'autre le dire, à ce moment présent. Même si vous l'avez peut-être entendu par le passé, nous ne sommes pas dans le passé. Nous sommes là tous les deux. Alors, pourquoi êtes-vous en train d'essayer de vous dire ceci ? Arrivez à prendre conscience qu'en réalité, ce sabotage mental vient de l'intérieur ? Vous ne vous octroyez aucune appréciation personnelle. Que gagnez-vous en vous comportant de cette manière ?

[Silence]

Christophe convint que ses objectifs principaux étaient d'apaiser son mental, de clarifier ses aspirations réelles et de comprendre les mécanismes de sabotage auto-imposés à la source de son manque de confiance en lui. Il comprit qu'il devait apprendre de nouvelles manières de structurer ses projets, et de passer d'une approche intuitive à une approche organisée. Et il convint qu'il avait besoin de clarifier ses objectifs et d'identifier sur quelles valeurs il désirait fonder sa vie.

Je ne l'ai pas poussé aussi loin que j'aurais pu le faire, et je ne lui ai pas fait remarquer qu'il ne donnait pas le meilleur de lui-même à son poste actuel. Je gardais cela pour une discussion ultérieure, une fois que nous aurions commencé à travailler ensemble. Toutefois, je l'ai invité à s'intéresser au système dont je me sers et que je transmets depuis des années, en lui disant qu'il y trouverait peut-être la structure dont il avait besoin, et plus encore. Je lui ai demandé si cela l'intéressait, et il m'a répondu par l'affirmative.

Il est difficile de penser à la réussite de manière positive, si on la perçoit comme une manière d'ajouter encore des obligations à une vie déjà incroyablement chargée. En effet, vous devez penser à vos dettes, à votre patron (voire même au patron de celui-ci), à l'économie, à la pollution mondiale, à l'avenir incertain, à vos enfants, à votre belle-mère, aux petits soucis de santé du quotidien, à votre frustration, à votre fatigue, à votre poids, vous demander si vous devez faire davantage d'exercice ou arrêter de fumer, vous occuper de vos obligations professionnelles, assister à de nombreuses réunions, trouver le moyen de payer vos factures, d'améliorer vos relations familiales, regarder le dernier épisode de votre série à la télévision... la liste continue.

En plus, il y a les empreintes, les traces du passé : croyances limitatives, blessures passées, traumas, peurs et expériences négatives qu'on a du mal à laisser derrière soi. Ajoutez-y les empreintes de notre statut social et de notre éducation : notre culture, le bon et le mauvais. Et, pis encore, ajoutez à cela toutes les personnes qui dénigreront vos nouvelles idées, les pessimistes que vous allez devoir apprendre à ignorer.

Avec tous ces poids sur vos épaules, il paraît bien difficile de se permettre de rêver et d'imaginer aller plus loin, n'est-ce pas ? Mais en réalité, ce n'est pas le cas. Vous avez besoin d'apaiser, voire de suspendre dans le temps, cet esprit fantastique qui est le vôtre, et qui vit dans le passé et dans le futur au lieu d'être dans le présent. Avant de découvrir vos rêves, avant de définir la réussite, nous avons besoin que cet esprit ne se concentre sur **rien**. Comment peut-on rêver sans contrainte quand on regarde les choses à travers de tels nuages ? Ce rêve-là se limiterait à gérer les obstacles, et il serait teinté par toute cette activité cérébrale névrosée.

Apprendre à apaiser votre mental, voire l'arrêter, quand vous en avez besoin, c'est la première des **Sept Étapes vers la Réussite** pour créer un futur au-delà de vos rêves. Il peut être simple d'apaiser son mental, et vous le faites probablement déjà chaque jour dans une certaine mesure. Cela peut être aussi simple qu'aller se promener dans un parc et se concentrer sur la beauté des oiseaux et des arbres. Tout le monde peut le faire ; et pratiquée régulièrement, cette activité est très bénéfique.

Les six étapes suivantes sont là pour créer un cycle de progrès continus et d'améliorations. En vous concentrant pour obtenir des résultats tangibles, ce cycle devient un moyen de vous épanouir et de dévoiler un avenir féerique.

Nous l'appelons le Cycle de La Sueur et de l'Esprit.

Le Cycle de la Sueur et de l'Esprit

Ce processus est un cycle dans lequel nous observons, nous faisons l'expérience, nous adaptons, nous ajustons, nous rafraîchissons, nous rajeunissons et nous améliorons. C'est le Cycle de la Sueur et de l'Esprit. C'est la structure séquencée qui rassemble les méthodologies et les pratiques que vous réutilisez sans cesse, à mesure que vous adaptez chaque étape à votre contexte. Et lorsque les résultats concrets vont commencer à apparaître, vous vous surprendrez à dépasser vos attentes ; vous le ferez naturellement, sans même penser que c'est un procédé. Ce mode opératoire devient instinctif. La magie commence à se révéler tout de suite avec les étapes simples que vous vous apprêtez à suivre. La première consiste à apaiser votre mental.

Étape Une – *Apaiser son mental*

Pour percevoir votre potentiel et vos rêves, vous avez besoin de limiter ce qui pollue vos pensées. Il est difficile de distinguer la beauté d'une rue à travers le brouillard londonien, n'est-ce pas ? C'est pourquoi la première étape pour aller vers la réussite est d'apaiser son mental. Lorsqu'il est apaisé, vous avez la possibilité de voir à travers le brouillard, d'observer le lien entre les événements de votre vie ; de voir la symphonie qui orchestre votre existence. Vous commencez à voir les formes de la réussite,

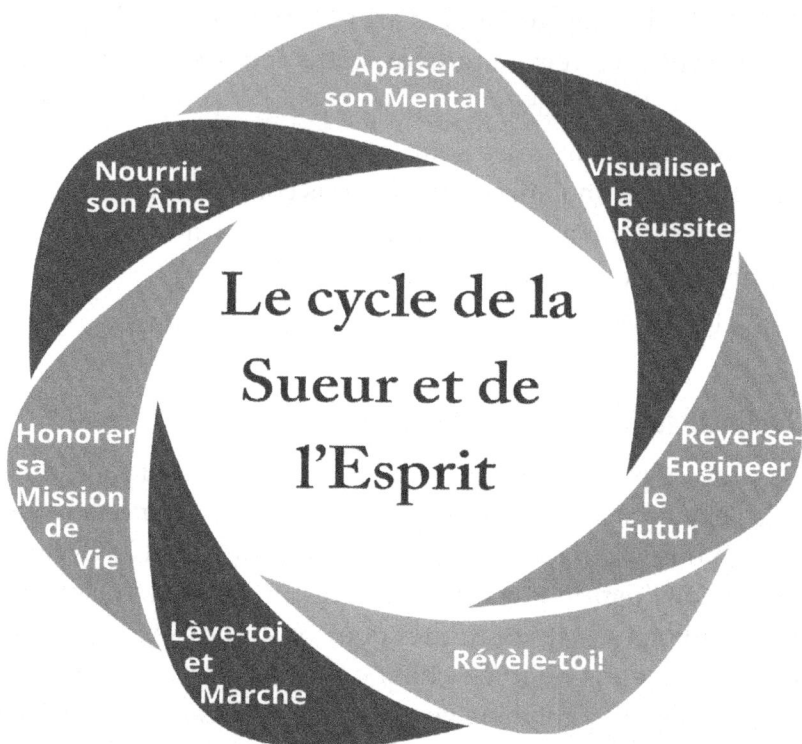

à savoir pour quoi vous êtes vraiment doué, ce que vous aimez faire et ce que les gens connaissent de vous. En visualisant ce chemin comme une aventure excitante, vous faites ressortir l'objectif plus profond, primordial, et les mécanismes sous-jacents qui opèrent dans votre vie. Apprendre à le faire régulièrement : c'est la deuxième étape.

Étape Deux – *Visualiser la réussite*

Cette seconde étape vous apporte de puissantes perspectives et vous révèle de vraies percées. *Que voyez-vous quand les nuages s'estompent ?* Cette étape propose une pratique très spécifique, qu'on pourrait décrire comme un exercice de visualisation guidée.

Une fois que vous avez clarifié vos objectifs, vous allez apprendre à les rendre réels. (Sans cela, les choses semblent trop difficiles et lointaines.)

Étape Trois – *Reverse-engineer le futur*

La troisième étape de la réussite consiste à construire son chemin depuis la perspective d'un futur accompli, déjà là. Démarrez du futur, partez de la conviction d'une réussite réalisée ; tournez-vous vers le passé et déterminez ce que vous avez fait pour y parvenir. Ce procédé détermine le chemin à prendre et commence à résoudre vos obstacles immédiats. Il vous permet d'agir immédiatement. Il s'agit de visualiser tout le chemin à parcourir, mais aussi de réussir maintenant, dans le moment présent. Et c'est ici que vous allez découvrir le processus de la Courbe Verte que j'ai mentionné dans l'introduction. À elle seule, cette étape peut vous aider chaque jour à prendre de bien meilleures décisions et à transformer la manière dont vous menez votre vie, et ceci pour toujours.

Qu'en pensez vous? Votre ceinture est-elle toujours bien attachée ?

Étape Quatre – *Révèle-toi !*

Chaque montagne a deux versants ; l'un à l'ombre, l'autre face au soleil, où tout est plus lumineux. D'un moment à l'autre, vous devez choisir sur quel versant de la montagne vous voulez vivre. Du côté ombragé, vous passez votre temps à survivre et à vous adapter. C'est le versant sur lequel vous vivez votre vie de manière réactive, celui sur lequel vous vous occupez de vos problèmes et de vos besoins immédiats. Sur le versant illuminé de la montagne, vous prenez beaucoup plus de décisions sur les choses à entreprendre à la fois dans le présent et à plus long terme. Vous accomplissez aussi vos obligations, non pas parce que vous vous y sentez forcé, mais parce qu'elles ont un vrai sens. C'est le versant sur lequel vous vous comportez de manière proactive : vous anticipez, vous influencez, vous planifiez, vous agissez et vous prenez vos responsabilités. *Vous vous révélez.*

La quatrième étape vers la réussite consiste à adopter un état d'esprit de champion ; à voir le ciel bleu, qu'importe le temps qu'il fait. Oui, parfois il fait nuit. Lorsque c'est le cas, visualisez les étoiles – elles sont là chaque nuit, exactement comme le ciel bleu. Il ne s'agit pas de rester assis au sommet de la montagne. Il s'agit d'agir tous les jours avec un état d'esprit positif et engagé – cela peut même modifier votre posture et provoquer de meilleures réactions de la part des personnes qui vous entourent ; ainsi, cette attitude entraîne une courbe ascendante de résultats positifs.

Étape Cinq – *Lève-toi et marche*

Est-ce que vous voulez accomplir davantage en faisant moins ? La cinquième étape vers la réussite, c'est lorsque vous êtes en mesure d'analyser avec une précision chirurgicale les actions que vous faites délibérément, et qui sont en accord avec ce que vous voulez vraiment. Peu importe si elles paraissent anodines ou modestes. Une action après l'autre, vous allez prendre conscience que votre persistance a un impact positif sur votre vie, et vous allez commencer à observer des différences notables. Cette série d'étapes, avec l'objectif final en tête, vous aidera à élaborer et à adapter des stratégies pour créer votre propre chemin vers la réussite. Plus vous évoluerez avec votre propre système, plus les choses s'accéléreront et plus vous vous sentirez vivant à 100%.

Avec les premiers succès, votre feu intérieur se libère. Cependant, le prochain défi ne sera pas de garder ce feu en vie – en fait, il s'agira de ne pas le laisser vous consumer ! Il est important d'appréhender la réussite intelligemment et efficacement.

Étape Six – *Honorer sa mission de vie*

L'avantage principal lorsque vous clarifiez votre mission de vie, c'est que vous développez une grande clarté d'esprit, comme un véritable laser. Avec elle, vous pouvez choisir précisément les projets qui ont du sens pour vous et qui vous permettent de vous réaliser. Ces projets deviennent alors des opportunités merveilleuses d'exprimer qui vous êtes vraiment, tel un peintre qui trouverait la toile idéale pour exprimer son art. Le sentiment d'être accompli, la renommée, le prestige, la crédibilité, le statut et la sécurité financière ne sont rien de plus que des résultantes de cette expression.

Pour vous exprimer totalement, il vous faut identifier ce qui a réellement du sens pour vous. La sixième étape est axée sur la découverte de votre mission essentielle – afin que vous puissiez vous concentrer sur ce pourquoi vous êtes là, dans cette vie qui est la vôtre. Nous allons explorer comment clarifier cet objectif primordial, le dessein essentiel qui guide vos décisions, bien au-delà de votre besoin de confort, de sécurité et de validation. C'est le lien avec ce que vous avez à apporter au monde, et pourquoi ce monde a besoin de vous. C'est là que vous mettez le feu à votre vie, avec peu d'effort.

Étape Sept – *Nourrir son âme*

La septième étape vers la réussite est un moment de joie profonde : le moment de célébrer et d'apprécier votre âme. Au-delà d'obtenir des résultats et de créer un impact significatif, cette étape est de vivre profondément le miracle que vous êtes et de voir la magie à l'œuvre dans l'ensemble de votre vie. Même vos obstacles et vos combats font partie de ce qui compose l'être extraordinaire que vous êtes déjà. Nous explorerons des moyens de cultiver, révéler et protéger votre âme, votre essence. Et vous verrez qu'agir en restant en lien avec votre âme vous aide à créer un impact plus fort, une influence qui dure plus longtemps, et à vous relier profondément aux autres. Ceci est au cœur de l'apprentissage de l'art du bonheur.

Apaiser son mental

Apaiser mon mental, c'est comme prendre des vacances loin de moi-même.

– l'auteur

Mon histoire personnelle

Au Ranch Jacumba de la vallée Lucerne, dans le désert de Mojave, en Californie du sud, un groupe s'était réuni pour un séminaire de douze jours sur le leadership personnel. L'institut qui organisait l'événement avait choisi cet endroit isolé situé sur une ancienne terre indienne pour aider les participants à mieux comprendre les profonds processus internes qui agissent sur nos vies.

Comme beaucoup de personnes dans mon groupe, j'assistais à l'événement après avoir fait confiance à quelques amis qui m'avaient chaudement recommandé d'y aller. Même si je ne comprenais pas entièrement les objectifs, intentionnellement vagues, du séminaire avant de m'y présenter, je faisais confiance à l'intervenante, et je ressentais le désir inexplicable de me trouver là. L'intervenante nous accueillit et elle nous présenta l'endroit. Je découvrais bientôt que le centre de retraite ne possédait pas de radio, pas de poste de télévision, pas de journaux à lire, pas de téléphone ni d'ordinateur, et que l'endroit était assez isolé pour ne pas entendre les bruits venant de l'extérieur. On nous demandait de nous déconnecter du monde extérieur. C'était le summum de la tranquillité.

Pendant un moment, je fus pris de panique : comment pourrais-je survivre douze jours dans cet environnement ? J'avais besoin de mes drogues habituelles : travailler sur mes projets, consulter les nouvelles du monde des affaires et mes e-mails, aller sur Internet – je ne pourrais faire aucune de ces choses pendant presque deux semaines. J'étais aussi déconcerté à l'idée de ne pas avoir de nouvelles de ma femme et de mes enfants pendant aussi longtemps.

On nous initia à l'art de la méditation, et on nous demanda de nous réveiller assez tôt pour nous réunir en cercle à six heures tous les matins. Aujourd'hui, je sais que cette pratique a existé de tous temps à travers le monde, mais ce n'était pas le cas à l'époque. L'activité me semblait étrange et presque impossible à réaliser. Pourtant, au bout de quelques jours, loin de la frénésie de ma vie habituelle, le rythme naturel de mon corps reprit le dessus. Se lever tôt en faisait partie, et je me réveillais sans effort, naturellement.

La plupart des matins étaient composés de discussions de groupe, de séances d'analyses de rêve, d'exercices physiques simples et d'autres sessions de méditation. Les après-midi étaient libres et les gens pouvaient partir en randonnée dans la montagne, se détendre près de la piscine ou utiliser les nombreuses fournitures artistiques à disposition. Au milieu du séminaire, les réunions furent interrompues pendant trois jours, et nous avons entamé un jeûne silencieux de trois jours : aucune parole et aucune nourriture. Nous n'avions que de l'eau, du jus de pomme et du jus de tomate dilué à disposition. Encore un autre test de ma résilience.

Je m'attendais à mourir d'ennui au cours de ces trois jours sans aucune activité prévue. Au lieu de cela, je dormis pendant vingt-quatre heures d'affilée. Je perdis la notion du temps. Je me levais pour boire et je me rendormais immédiatement. Je passai la plus grande partie de ces trois jours à dormir. Par la suite, j'appris que la plupart des participants avaient vécu le même phénomène. À la fin du jeûne, je fus stupéfait de me sentir imprégné d'un sentiment de légèreté, de joie et de créativité. Je me sentais aussi enthousiaste et empli d'émerveillement qu'un gosse de dix ans. Je me lançai dans la poésie, dans le dessin, et dans des promenades silencieuses. L'animatrice du séminaire nous l'expliqua ainsi :

Nous ne nous rendons absolument pas compte à quel point nous sommes stressés et épuisés. Notre mental est constamment occupé à prévoir, à anticiper, à imaginer, à s'inquiéter du présent, de l'avenir ou du passé ; à analyser, à adapter, à décoder, à évaluer, à douter ; à tel point que nous ne remarquons tout simplement plus comment notre corps se sent vraiment. Et on se demande pourquoi les gens tombent malades ou se sentent sans espoir dans leurs vies.

L'enseignement clé que je reçus fut que j'avais besoin de m'aménager des moments réguliers de quiétude, pour me reposer et pour permettre à ma joie intérieure et à ma créativité de refaire surface. Cela n'a rien à voir avec le fait de prendre des vacances ; il s'agit de s'éloigner du stress, de la pollution, du bruit, du bavardage incessant avec les autres, de l'activité intellectuelle continue et des souffrances créées par notre propre esprit. J'ai découvert beaucoup d'autres choses au cours de ce séminaire. L'une d'entre elles, et non des moindres, est que je reçus un apprentissage réel de la compassion.

Nous étions libres de discuter entre participants en particulier pendant nos marches de l'après-midi, et nous partagions les moments difficiles et charnières de nos vies. Comme nous étions dans un état d'esprit plus ouvert que dans nos vies quotidiennes, nous étions davantage en mesure de comprendre les différentes perspectives des autres personnes. J'appris à revoir certaines scènes difficiles de mon enfance et à regarder les événements à travers le regard de mes parents. J'étais soudain capable de me rendre compte combien ils avaient essayé de faire de leur mieux. L'impact de certains de ces souvenirs très douloureux disparut entièrement, sans l'aide d'aucune thérapie profonde, de manière incroyablement simple. Je n'étais plus en colère en me remémorant ces moments de grande peine, et mon mental se libéra de l'influence de ces pensées. Le changement se produisit au cours d'une de ces promenades tranquilles dans la montagne, parmi les arbres de Josué de cette magnifique région désertique.

Un mental apaisé peut percevoir des perspectives entièrement nouvelles, et ainsi une grande intuition, un pardon et une compréhension profonde deviennent accessibles. Ces nouvelles perspectives peuvent stimuler notre motivation et notre clarté d'esprit.

> *Lorsqu'il n'y a plus de mots, ne cherche ni à parler, ni à penser à autre chose. Le silence a sa propre éloquence. Parfois, plus précieuse que les paroles*
>
> – Elisabeth Kubler-Ross

Un mental apaisé peut également nous libérer de la fixation que nous faisons sur d'anciens traumatismes. Il s'accompagne d'une sensation de légèreté et de liberté, de l'impression que le futur offre des possibilités incroyables. L'impact de ce séminaire il y a tant d'années a été si fort que j'ai décidé de ne plus vivre ma vie en "pilote automatique". J'ai décidé de ne plus vivre de manière réactive, de ne plus simplement m'adapter aux événements à mesure qu'ils se présentaient dans ma vie.

Notre esprit est défini par ce sur quoi nous nous concentrons. Notre esprit peut être notre plus grand allié ou notre pire ennemi. Il est important d'apaiser notre mental pour avoir les idées claires, pour nous servir de notre intuition, pour découvrir nos désirs et nos espoirs les plus profonds, surtout si notre esprit a tendance à se focaliser sur nos échecs passés. Les études montrent que les gens ne se servent que d'une petite fraction de leurs capacités mentales, et la plus grande partie est dédiée à des pensées récurrentes. Une personne moyenne voit les mêmes pensées tourner dans son esprit en boucle tous les jours.

Apaiser son mental, c'est stopper le constant bavardage interne. La plupart de ces paroles sont en lien avec la survie, avec le fait de vouloir éviter les désastres, l'échec ou la honte :

Ne fais pas confiance là-dedans.
Si c'était facile, ça se saurait.
Sois prudent !
Encore une autre arnaque !
Qui est cet auteur, de toute façon ?
Qu'est-ce que ma famille et mes collègues en penseraient ?
Je n'ai pas le temps tout de suite ; je dois faire autre chose...
Certaines de ces voix intérieures disent peut-être :
Oui, mais...
Faisons-le demain.
J'ai déjà essayé.
J'ai besoin d'autres diplômes ; ou *Je n'ai pas assez de légitimité.*
Je ne peux pas faire ça – Je ne l'ai jamais fait.
Encore un stratagème qui ne profite qu'aux gens riches et instruits.
Je n'oserais jamais.
Ça ne fonctionne pas dans ma culture/ma famille/ma communauté.

Vous pouvez dire que ces voix sont protectrices, réalistes, prudentes ou concrètes. Vous pouvez aussi choisir de voir qu'elles sont le reflet de votre peur, de votre négativité, qu'elles cherchent à protéger votre confort et qu'elles sont des excuses pour ne rien faire. Une de ces voix est peut-être assez puissante pour vous maintenir dans un état dépressif, dans lequel vous vous focalisez sur ce que vous devriez avoir, ce que vous n'avez pas et ce que vous ne pouvez pas avoir.

Vous les entendez peut-être dire :
D'autres sont plus importants que toi.
Prends soin de tout le monde d'abord.
Ce n'est pas correct de prendre soin de soi ; c'est égoïste.
Parfois, la voix veut dire :
N'existe pas.
Ne sois pas différent.

Cette voix peut être liée à des émotions puissantes et destructrices, et dans quelques cas sévères, il faudra qu'un médecin vous prescrive un traitement pour faire taire cette voix en vous.

Il existe peut-être des forces profondes très puissantes qui sont constamment en train de critiquer et de minimiser vos rêves et vos ambitions. Elles peuvent être tellement exigeantes qu'il est presque impossible de les satisfaire. Reconnaissez vous cette tendance en vous ? Ces voix intérieures peuvent facilement être vos pires ennemies, parce qu'elles ont le pouvoir de vous décourager systématiquement en rationalisant, en extrapolant, en imaginant des risques ou en exagérant votre peur. Finalement, vous abandonnez sans même avoir essayé. Elles vous entraînent à penser :

Non, je ne peux pas !

Pas maintenant, pas moi.

Plus tard, lorsque j'aurai résolu cet autre problème.

Le risque, c'est qu'en se concentrant seulement sur la survie, votre esprit peut vous empêcher d'être créatif et de percevoir vos possibilités, de formuler vos rêves et de penser différemment. Cela limite votre capacité à l'imagination et vos opportunités d'appréhender la vie avec optimisme. Vous avez besoin de trouver des moyens pour apaiser votre esprit quand c'est nécessaire.

Comment calmer son mental ? Imaginez-vous en train d'essayer d'aider une personne dépressive à oublier ses problèmes pendant quelques minutes – sans recourir à des médicaments. Imaginez-vous en train de dire *Oui, tu peux* à une personne qui n'a jamais reçu d'encouragement, et qui n'a jamais reçu la preuve que cela est possible. Imaginez le nombre d'âmes en peine qui nous entourent. Êtes-vous l'une d'entre elles ? Et bien, il est possible de sortir de cette souffrance. Cela commence en apaisant son esprit, en calmant son mental.

Si nous nous trouvions ensemble à Paris en hiver, imaginez ce qui se passerait si je vous poussais par-dessus l'un de ses ponts magnifiques dans les flots rapides et gelés de la Seine. En une fraction de seconde, le choc effacerait tous les doutes qui vous font perpétuellement hésiter. Vous ne vous concentreriez que sur une seule tâche, à l'exclusion de toutes les autres : sortir de l'eau glacée aussi vite que possible ! À ce moment, votre esprit aurait effacé tous les nuages qui l'empêchent de voir avec clarté, pour accomplir une chose simple : sortir de l'eau. Rien ne vous retiendrait, ni la dépression, ni la peur d'être pauvre ou de ne pas pouvoir payer vos factures ; pas même les relations toxiques dans votre vie. Vous chercheriez probablement à vous venger de moi, ou au moins à me hurler dessus ; mais cela aussi, seulement après avoir regagné la terre ferme. À ce moment précis, c'est le seul problème au monde qui existerait pour vous, et toute votre attention serait focalisée, comme un laser, pour résoudre la situation. Cet exemple révèle que nous possédons tous en nous la puissance mentale étonnante de choisir sur quel problème nous concentrer.

Est-ce que vous comprenez ? J'aimerais que vous réalisiez tout ce qui se passe dans votre esprit, et que vous vous entraîniez à le mettre de côté, à réduire le bavardage intérieur, et à ne vous concentrer que sur une chose simple : ne penser à *rien*. Cette pratique en elle-même peut ressembler à de la magie. Un participant aux séminaires de développement personnel, que j'allais apprendre à bien connaître, a dit un jour que cela s'apparentait à "prendre des vacances loin de soi-même". Ce participant, c'était moi. J'ai mis des années à découvrir qui je suis – et qui je ne suis pas.

Faisons un exercice. J'aimerais que vous preniez votre cahier *Ciel Bleu* et que vous notiez dix moyens pour apaiser votre esprit occupé, dix choses que vous pouvez faire concrètement. Voici quelques exemples accessibles à tous pour vous aider. *Il n'y a pas moyen de faire faux.* Il s'agit de <u>ressentir</u> ; pas de réfléchir. En fait, il s'agit de réduire drastiquement le temps que vous passez à penser.

1. Promenez-vous seul dans un parc, en silence. Éteignez votre téléphone. Fermez les yeux et écoutez le bruit du vent dans les feuilles. Remarquez toutes les variations des bruits qui vous entourent. Si des pensées vous viennent à l'esprit, laissez-les passer, et concentrez-vous sur le bruit des arbres. Bienvenue dans le monde de la méditation.

2. Faites du footing, marchez, faites du vélo – faites de l'exercice en vous concentrant sur votre respiration, sur la beauté des paysages qui vous entourent, ou simplement sur la tranquillité et le silence. Évitez d'écouter la radio ou de vous distraire, hormis peut-être avec de la musique calme et relaxante.

3. Écoutez des mélodies qui sont plutôt construites sur la musique (les émotions) que sur des concepts ou des histoires (l'intellect). Dansez sur les rythmes que vous adorez. C'est un très bon moyen pour changer d'état d'esprit et vous mettre de bonne humeur. Ne réfléchissez pas ! Dansez librement. Bougez votre corps de manière sensuelle, ou remuez-le dans tous les sens. L'objectif ici, c'est de <u>sentir</u> que votre corps est vivant.

4. Faites une sieste.

5. Comptez les objets dans la rue. Observez leurs formes, comme s'ils étaient des œuvres d'art. Concentrez-vous avec attention, minutieusement, sur ces formes. C'est une excellente technique que j'ai découverte pendant un séminaire de développement personnel en Californie : simple, et pourtant si puissante. Grâce à cet exercice, tous les clients que je coache arrivent à se détendre en moins de dix minutes, et ils sont surpris de découvrir l'œil du cyclone de leur anxiété.

6. Savourez les aliments que vous mangez en fermant les yeux à chaque bouchée. Appréciez délicatement les arômes dans votre bouche, les différences de goût et la diversité des tex-

tures. Au cours d'un de nos séminaires, nous avons demandé aux participants de se mettre par équipes de deux et de s'alimenter mutuellement. Cet exercice spécifique peut transformer entièrement votre rapport à la nourriture, et vous faire réaliser l'importance de prendre ses repas dans un environnement tranquille, en se concentrant sur le moment, sur le *présent*. Votre repas durera plus longtemps parce que vous l'apprécierez... et vous perdrez peut-être même du poids.

La bonne nouvelle est qu'il y a plein de manières différentes pour calmer son mental. Choisissez quelques méthodes qui fonctionnent pour vous et ajoutez-les dans votre "trousse à outils" vers la réussite que vous avez commencé à créer. Par la suite, vous pourrez en faire une pratique régulière. Pour l'instant, il est simplement important que vous compreniez comment votre esprit peut être, et est, pollué. Dans le prochain chapitre, nous allons déterminer ce qui est vraiment important pour vous : vos rêves, votre vision, et l'impact que vous pouvez avoir.

Avant de continuer, j'aimerais que vous preniez un moment pour effectuer l'exercice ci-dessous. Il s'agit une technique éprouvée que j'utilise avec succès depuis des années pour améliorer la capacité à focaliser l'attention. Pour le moment, il s'agira de se concentrer sur le vide. Par la suite, nous nous focaliserons sur le fait de franchir les étapes nécessaires pour élaborer une vie hors du commun.

Si vous ne vous en sentez pas capable, pour quelque raison que ce soit, je vous recommande de ne pas continuer à lire ce livre pour le moment. Ce système ne fonctionne que lorsqu'on en fait l'expérience. Il ne s'agit pas d'un procédé intellectuel – il doit être *vécu*. Si vous lisez simplement, que vous rationalisez ce que vous avez lu et que vous n'agissez pas, vous n'en retirerez rien. Ce n'est pas grave si vous décidez d'attendre d'être prêt avant de réaliser les exercices que vous allez rencontrer au cours de ce livre. Peut-être que vous n'êtes pas prêt à aller plus loin pour le moment. Il vaut mieux que vous preniez votre temps et que vous relisiez ce chapitre plus tard, lorsque vous aurez l'intention ferme de vous investir dans cette démarche. Il est crucial que vous puissiez faire l'expérience d'un esprit apaisé et que vous preniez conscience que vous pouvez apprendre à contrôler vos pensées et l'impact, positif ou négatif, qu'elles ont sur vous.

La pratique de focaliser son attention

Cet exercice vous aidera à prendre conscience que votre esprit peut se concentrer sur une seule chose, à l'exception de tout le reste. Vous allez aussi comprendre que vous pouvez décider ce sur quoi vous portez votre attention. Ce que vous allez ressentir vous aidera à comprendre la valeur de cet exercice. Cet exercice ne prend pas plus de 15 minutes. Lisez-le en entier et familiarisez-vous avec les instructions avant de commencer.

Objectif : Contrôler votre attention, en ne vous concentrant que sur une chose, ralentir votre esprit/mental.

Résultat final : Vous atteignez un état dans lequel votre corps est détendu et votre esprit est relaxé.

Instructions : Cet exercice peut s'effectuer seul ou en groupe, avec un des participants qui tiendra le rôle du 'maître de séance'. Installez-vous dans un endroit calme, dans un siège ou un fauteuil confortable, le dos bien droit. Éteignez la télévision, la radio et votre téléphone. Si la pièce possède une porte ou des fenêtres, laissez-les entr'ouvertes.

Étape 1 : Fermez les yeux et soyez aussi silencieux que possible. Ne faites aucun bruit avec vos mains, vos pieds ni aucune autre partie de votre corps – même votre respiration doit être la plus silencieuse possible. Ne faites absolument aucun bruit. Progressivement, la pièce s'immobilise. À présent, concentrez-vous sur votre respiration. Soyez attentif à l'air qui entre et sort de vos poumons, au rythme de votre respiration, à sa température. Remarquez la différence entre l'air exhalé tiède et la fraîcheur de l'air inhalé.

Étape 2 : Après deux ou trois minutes, prêtez attention aux bruits qui proviennent de la pièce dans laquelle vous vous trouvez : ventilation, chaises qui craquent, peut-être un robinet qui goutte, ou la respiration des autres personnes si vous pratiquez cet exercice en groupe. Essayez de rester aussi silencieux et immobile que possible.

Étape 3 : Après deux ou trois minutes, remarquez les bruits qui proviennent de l'extérieur de la pièce : les personnes qui marchent dans le couloir, les oiseaux, les bruits de la rue, etc. Écoutez seulement les bruits provenant de l'extérieur.

Étape 4 : Après deux ou trois minutes, faites attention aux bruits qui viennent d'encore plus loin. Essayez d'entendre des bruits à plus de 50 mètres de distance, puis à 200 mètres, puis à un kilomètre – aussi loin que vous arrivez à l'imaginer.

Étape 5 : Après deux ou trois minutes, reportez votre attention sur la pièce dans laquelle vous vous trouvez. Écoutez encore votre respiration pendant une minute, restez silencieux, puis ouvrez très lentement les yeux. Restez encore silencieux une minute ou deux. Bon retour chez vous !

Remarquez comment vous vous sentez. Il est courant que des participants à mes séminaires s'endorment, comme s'ils étaient hypnotisés. Cela illustre bien que lorsque l'esprit ralentit, le corps a tendance à reprendre le dessus, à ralentir et à se recharger. L'objectif de la méditation, c'est que votre esprit cesse de penser, de se souvenir de choses ou d'imaginer. Vous allez ressentir une sensation de paix, de calme ; vous allez être dans le Présent. Les recherches de plus en plus nombreuses sur le sujet montrent que ces pratiques réduisent votre niveau de stress et améliorent votre santé.

Trouver l'œil du cyclone

Mon histoire personnelle

Un jour, à Freegate Inc., une start-up prometteuse dans la Silicon Valley, j'ai travaillé si dur que j'ai craqué physiquement. Mon estomac était rempli d'acide et j'ai commencé à souffrir de maux de tête incapacitants. À cause de plusieurs traitements prescrits à tort, je n'ai pas tenu le coup mentalement, et j'ai été admis en hôpital psychiatrique pendant plusieurs semaines. À l'époque, notre start-up était en train de créer le premier routeur Internet à usage professionnel et personnel, l'ancêtre de la "LiveBox". Notre excitation était à son comble. Le stress généré par le comportement abusif du PDG et mon incapacité à me protéger ou à dire non provoquèrent en moi un écroulement désastreux.

C'est à ce moment que j'ai appris à dire : **Non !** à toute personne toxique, incorrecte ou avide de pouvoir. En méditant quotidiennement à l'hôpital, je pus me rétablir à une vitesse qui surprit les médecins. Je cessai secrètement de prendre les médicaments abêtissants que les infirmières me donnaient à cause des risques élevés qu'ils posaient au niveau neurologique. Apaiser mon esprit névrosé était devenu la clé de voûte de ma survie. Je passais des heures à chanter "Amazing Grace" et à effectuer la pratique que j'ai décrite ci-dessus.

C'est ainsi que j'ai commencé à apprendre, peu à peu, à diriger mon attention pour créer de meilleurs résultats.

Lorsque je suis retourné au travail après cette expérience traumatisante, je n'étais pas encore totalement rétabli. Je me sentais perdu et déprimé. J'ai ressenti ces émotions pendant des mois. Ma stratégie fut de remarquer les choses qui créaient un stress inutile en moi, à prendre du temps seul le matin pour planifier la manière de survivre chaque journée, et la manière de repousser les demandes déraisonnables du PDG. Après un *feedback* robuste et structuré à mes collègues et à mon patron, je donnai ma démission. On me proposa immédiatement de m'attribuer un nouveau supérieur et de me donner un bonus si je décidais de rester. Le PDG finit par perdre son emploi. Toutefois, ce licenciement se révéla être une décision désastreuse pour l'entreprise. C'était un homme brillant, essentiel à la réussite de la boîte, mais il était complètement inconscient de l'impact négatif qu'il avait sur les gens qui l'entouraient. Cet homme n'avait fait aucun travail d'introspection. Pour une personne avec de grosses responsabilités, cela revient à signer son arrêt de mort. Lorsqu'on commence à comprendre que c'est notre comportement qui est en cause, il est souvent trop tard pour réparer les dégâts.

Visualiser la Réussite

La plus grande découverte d'une génération est qu'un être humain peut changer sa vie en modifiant son état d'esprit.
– Albert Schweitzer, lauréat du Prix Nobel de la Paix en 1953

Révélez l'Univers des Possibles

Notre histoire reprend à l'événement de Paris. La foule est à présent totalement attentive et à l'écoute. Elle comprend la clarté et la positivité qui découlent du fait de savoir que le ciel est bleu, quoi qu'il arrive.

Je demande au public de prendre un stylo, une feuille et de commencer un exercice que j'aimerais que vous, cher lecteur, fassiez également en même temps que nous, dans votre cahier *Ciel Bleu*.

S'il vous plaît, faites-le maintenant, à mesure que vous lisez. Sinon, vous risqueriez de passer à côté d'un des éléments les plus importants de ce livre. Encore une fois, il est crucial que vous fassiez l'expérience de ce système, pas simplement que vous lisiez cet ouvrage sans l'appliquer.

Je m'adresse à l'auditoire.

Je vous demanderai de ne pas parler avec les autres avant que je ne vous y invite. Il s'agit d'un sujet privé. Ce que vous allez inscrire sur cette feuille n'appartient qu'à vous. Personne ne le lira. Cela veut dire que personne ne va porter de jugement dessus, ni même donner son avis. Vous pouvez écrire ce que vous voulez – Tout est acceptable. C'est votre secret. Vous ne pouvez pas échouer à cet exercice, même si vous décidez de ne rien écrire du tout.

Au cours des trois prochaines minutes, je vais vous demander de décrire comment sera votre vie dans trois ans. Vous pouvez parler de votre vie professionnelle, de votre vie personnelle, ou des deux. Écrivez dans le calme et respectez le silence, s'il vous plaît. N'en discutez pas avec vos voisins. Décrivez à quoi votre vie ressemblera dans trois ans, selon vous.

Les visages deviennent pensifs. Certaines personnes se mettent tout de suite à écrire. D'autres prennent le temps de réfléchir avant de commencer à noter leurs pensées.

Les yeux finissent par se lever vers moi. Je m'adresse à eux :

Maintenant s'il vous plaît, tracez une ligne sous ce que vous avez écrit. Vous allez à présent écrire quelque chose de différent. J'aimerais que vous restiez toujours silencieux. N'en discutez pas avec les personnes autour de vous.

Je marque une pause.

Ce que je vais vous demander va peut-être vous déconcerter au début. C'est une réaction naturelle. Vous aurez besoin de quelques secondes pour le comprendre, et pour pouvoir continuer. Votre esprit va devoir accéder à une zone inhabituelle de son système nerveux. Je vais répéter plusieurs fois et je vais vous donner des exemples. Si vous avez des questions, posez-les moi. Je serai ravi d'y répondre.

Au cours des trois prochaines minutes, j'aimerais que vous écriviez à quoi ressemblerait votre vie dans trois ans si absolument tout ce que vous essayez d'entreprendre réussissait, si tout ce dont vous pouviez avoir besoin vous était accessible, si vous trouviez le moyen d'éliminer tous les obstacles sur votre chemin, si vous aviez à votre disposition toutes les ressources nécessaires pour réaliser vos projets – si absolument tout se passait au-delà de vos espérances.

Comme je m'y attendais, les participants me regardent en silence, perplexes.

Oui, écrivez comment vous imaginez votre vie si absolument tout se déroulait en votre faveur, si vous réussissiez tout ce que vous entreprenez : vous obtenez les augmentations que vous souhaitez, la promotion que vous désirez, le partenaire dont vous avez toujours rêvé, le problème que vous redoutez disparaît – comme s'il n'existait aucun obstacle d'aucune sorte. Visualisez cette nouvelle vie. À quoi ressemblerait-elle ? À quoi ressembleriez-vous ? Qui seraient les personnes autour de vous ? Visualisez tout cela, et écrivez-le.

Je peux sentir que l'auditoire commence à se détendre. Des sourires apparaissent. Certains ne peuvent pas s'empêcher de parler à leurs voisins. Un éclat de rire bruyant retentit.

Je peux écrire ce que je veux ? demande un homme, avec un plaisir enfantin. *Absolument tout ce que je veux ? Comme gagner au loto ?*

Oui, vous pouvez. Écrivez tout ce que vous voulez.

Il éclate de rire et continue à écrire.

Est-ce que je peux virer mon patron ? demande un autre.

Oui, vous pouvez. Mais s'il vous plaît, n'écrivez pas son nom s'il ou elle se trouve dans la pièce.

Tout le monde éclate de rire.

Au bout de quelques minutes, presque tout le monde a arrêté d'écrire et les gens commencent à se regarder avec impatience. À l'évidence, ils ont envie de partager cette vision de leur vie avec les autres.

Alors, combien d'entre vous ont écrit quelque chose de très différent de la première fois ?

La plupart des mains se lèvent.

> Le pessimiste se condamne à être spectateur
> – Goethe

Dites-moi ce qu'il y a de différent ?

Une femme lève la main.

Dans la seconde partie de l'exercice, je suis beaucoup plus sûre de moi. Je m'inquiète moins. Je suis bien plus optimiste et davantage moi-même. Je m'amuse vraiment.

Un homme près d'elle intervient :

Je vis une vie totalement différente et je me sens beaucoup plus en paix. J'ai envie d'aider les autres.

Un autre dit encore :

En fait, c'est ce que j'ai toujours eu envie de faire mais je n'ai jamais osé l'avouer.

D'autres personnes prennent volontiers la parole, et je vois des gens hocher la tête à travers la pièce. Je lève les mains pour attirer leur attention.

La seconde partie se concentre sur vos vrais désirs, sur vos rêves, sur vos ambitions. C'est ce dont vous avez vraiment envie dans la vie, ce qui devrait se passer s'il n'y avait aucun obstacle. Il s'agit d'une vision dégagée : absolument comme un beau ciel bleu lorsqu'il ne pleut plus et que les nuages ont disparu.

Ce que vous avez écrit dans la deuxième partie révèle vos vrais objectifs. Atteindre ces objectifs vous rapproche de votre mission de vie. Cet exercice révèle la personne que vous aspirez à être, que vous désirez être. Les changements que vous avez décrits, le fait d'être plus optimiste, de ne plus vous inquiéter, d'être plus sûr de vous – de vous amuser – ; c'est se comporter de manière proactive. C'est créer votre futur, rendre les possibilités réelles. Et, parce que vous faites les choses qui vous importent vraiment, vous êtes plus audacieux, plus heureux, plus "vous-même".

Être optimiste modifie votre comportement. Et comme vous êtes plus concentré et investi, cette vision de votre futur a davantage de chances de se réaliser.

En mettant tous les obstacles de côté, vous avez obtenu une vision plus claire de votre vraie destination. En vous embarquant dans ce voyage pour l'atteindre, vous vous rapprochez de votre mission de vie, de ce que vous êtes censé faire de votre vie. Vous avez simplement besoin de commencer par visualiser votre réussite.

Je regarde autour de moi. Tous les yeux sont braqués sur les miens.

OK, à présent je vais vous mettre au défi. Si vous avez écrit sur votre carrière, quels sont maintenant vos rêves réels pour votre entreprise ? Est-ce que vous voulez obtenir plus de parts de marché ? Ou est-ce que vous souhaitez fournir un excellent service à votre communauté et faire la fierté de vos employés ?

Si vous avez choisi de visualiser votre vie privée, quelles décisions clés avez-vous prises qui diffèrent de ce que vous avez fait jusque là ? Comment avez-vous fait pour que tout ce que vous avez visualisé se réalise ?

Je vous présente une manière de construire un meilleur futur. Je l'appelle le Processus de la Courbe Verte. Il s'agit de changer de posture, d'attitude et de perspective. Il s'agit de vivre votre vie de manière proactive.

Je vais maintenant vous présenter la méthode que vous allez suivre pour créer les résultats hors du commun que vous désirez.

La réussite commence avec une décision

… votre vie est le produit de vos valeurs, et non de vos émotions. C'est le produit de vos décisions, non de votre situation.

Être proactif, cela signifie prendre l'initiative et faire le nécessaire pour qu'il vous arrive le meilleur possible. **Vous êtes responsable de ce qui vous arrive.**

Vous êtes la force créatrice de votre vie.

La proactivité, c'est comprendre que **le meilleur moyen d'inventer son avenir, c'est de le créer soi-même.**

« Les 7 habitudes de ceux qui réalisent tout ce qu'ils entreprennent », par Stephen R. Covey

Définir votre Courbe Verte

*Un homme n'est que le produit de ses pensées.
Ce qu'il pense, il le devient.*

-Mahatma Gandhi

Votre réponse à la première question du chapitre précédent, comment vous envisagiez initialement votre vie dans trois ans, révèle comment ce que vous anticipez se produit, en fonction de votre contexte et de ses défis spécifiques. Certains problèmes surgissent et vous arrivez à vous ajuster d'une manière ou d'une autre, vous vous en sortez et vous continuez ; et avec un peu de chance, vous arrivez là où vous voulez.

Il s'agit du *Futur Réactif*. Votre avenir se révèle à mesure que vous avancez. Le schéma ci-dessous représente la courbe de votre futur réactif.

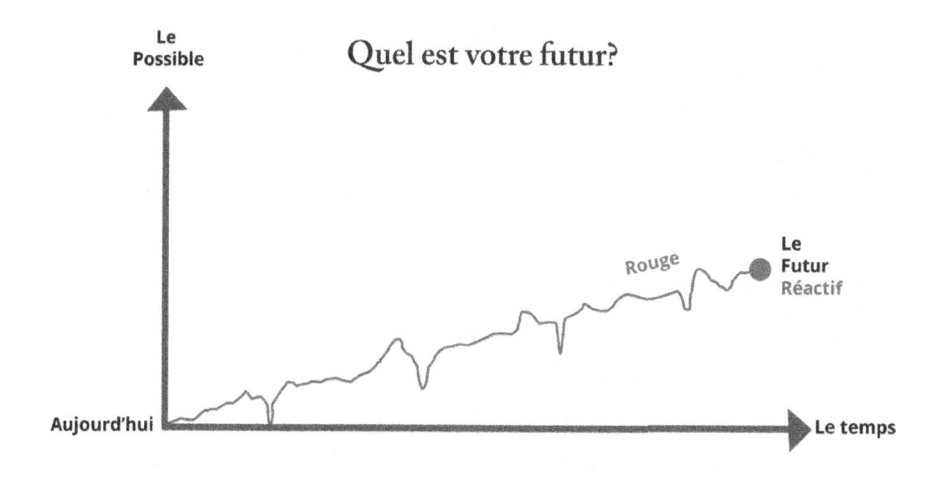

Quel est votre futur?

La réponse à la seconde question, comment vous imaginez votre vie si vous réussissez tout ce que vous entreprenez, révèle le futur que vous imaginez indépendamment du chemin à faire pour y parvenir, indépendamment des obstacles et des événements imprévisibles de la vie. Il s'agit d'une destination choisie. Elle n'est pas soumise à votre besoin de satisfaire des circonstances sociales, culturelles et/ou économiques. C'est là où vous vous trouveriez, si le choix vous était donné. S'il existait un chemin certain jusque-là, vous vous engageriez dessus sans hésiter. Il pourrait bien s'agir d'une expression de votre mission de vie : ce que vous êtes censé accomplir au cours de votre vie.

C'est le *Futur Proactif*. C'est un avenir qui représente qui vous êtes et ce que vous voulez, dès le départ. L'attention et la créativité se porte sur trouver les moyens d'atteindre ce futur, et non plus de trouver comment gérer les obstacles d'aujourd'hui. Il n'y a pas de futur inconnu. Il se peut que vous y pensiez de plus en plus, presque comme une obsession.

C'est une bonne chose.

Au lieu d'être à la merci des événements extérieurs de votre vie, à présent vous vous concentrez sur les moyens de réaliser vos rêves. C'est à ce moment que votre Voix du Doute devient utile. Elle révèle les dangers potentiels, et tout ce qui peut faire échouer votre plan. Toutefois, ce n'est plus un problème, parce que vous savez où vous allez. Vous avez besoin de cette information pour que votre plan soit absolument précis, rationnel et judicieux. À ce stade, si vous ne réfléchissez pas aux problèmes potentiels, vous êtes victimes d'*inflation aveugle*. Bien que l'enthousiasme soit une bonne chose, s'il ne s'accompagne pas d'une planification rigoureuse, il peut devenir dangereux.

Il existe une autre Voix à laquelle nous devons maintenant prêter attention. Elle attendait dans l'ombre le bon moment pour se montrer. Cette Voix en vous dit des choses comme :

Tu n'es pas capable de faire ça.

Tu n'as pas assez d'éducation, pas assez d'argent, pas assez d'expérience ; tu n'es pas assez courageux.

Tu ne connais personne qui fait ça.

Oui, mais ce n'est pas pour toi...

Oui, mais ça ne fonctionne pas dans notre culture...

Pourquoi toi, au fait ?

Elle murmure :

Ce n'est qu'une illusion, une ruse, un moyen de te faire dépenser plus d'argent.

Tu es incapable de faire ça – tu as déjà essayé, et ça n'a pas marché.

Cette Voix fait peut-être écho à ce que disent des personnes qui vous entourent :

Tu es trop petit/gros/paresseux/stupide/désorganisé...

La liste est longue, et cette Voix ne se tait jamais.

C'est la Voix de l'Auto-sabotage. Contrairement à la Voix du Doute, cette voix est votre ennemie. Cette Voix se nourrit du monde extérieur et de votre monde intérieur. Mais ne vous en souciez pas pour le moment. Plus tard, nous explorerons des moyens pour faire taire cette Voix une bonne fois pour toutes.

Le schéma ci-dessous représente votre nouvelle vie : la Courbe Verte.

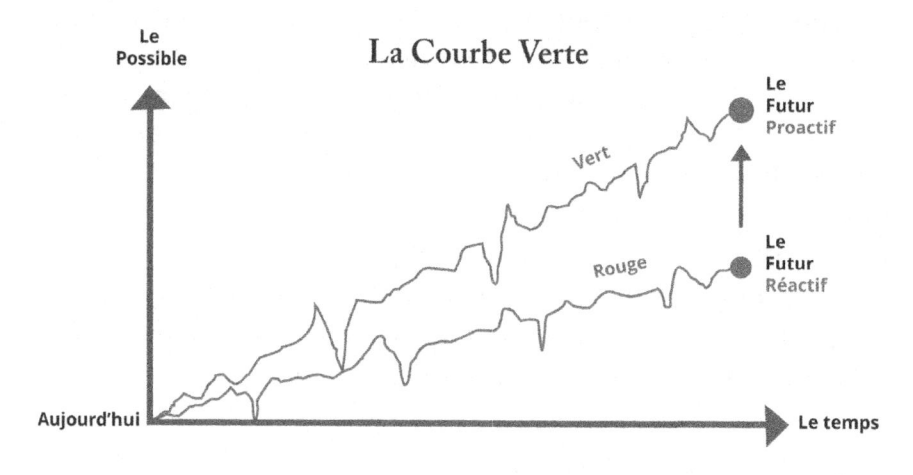

La Courbe Verte

Sur la Courbe Verte, il y aura des bons moments et des mauvais moments – souvenez-vous, il ne s'agit pas d'un fantasme, où n'existe aucune difficulté; il s'agit d'un futur réalisable, dans lequel vous rencontrez des obstacles que vous surmontez, sans vous laisser dévier de votre vrai chemin. Vous ferez bientôt l'expérience de coïncidences étonnantes, d'événements en pleine synchronicité, voire de sauts quantiques. La différence significative, c'est que vous vous trouverez sur la bonne courbe pour vous, vous serez en train d'escalader la bonne montagne, de vous diriger vers une destination qui fait sens pour vous ; vous serez en train de manifester le but de votre vie, l'essence de votre entreprise ou de vos projets.

Vivre sur la Courbe Verte, c'est réaliser votre mission de vie.

Pour construire une Existence Verte, il faut la concevoir avec votre objectif final en tête. Vous considérez la vie seulement depuis le futur, et non plus depuis le passé, ni même depuis le présent.

J'ai surnommé ce processus *Reverse-Engineer* le futur.

À présent, faisons un autre exercice. Prenez votre cahier *Ciel Bleu* et installez-vous dans un endroit tranquille où vous ne serez pas dérangé. Vous pouvez mettre de la musique relaxante si vous en avez envie. La musique a le pouvoir d'inspirer de nombreuses personnes, et d'ouvrir un plus grand état d'âme.

La pratique de visualiser sa réussite

- Écrivez les rêves et les ambitions que vous avez réussis dans le passé. Reconnaissez-les, sans les contester ou les minimiser. Vous seul pouvez dresser cette liste. Libérez-vous de ces voix négatives dans votre tête.

- Remarquez ce que vous ressentiez à propos de chacun de ces rêves avant de le réaliser. Observez ce que vous ressentez à présent. Vous remarquerez peut-être que certains de ces rêves ne semblent plus aussi importants aujourd'hui.

- Écrivez les difficultés que vous avez rencontrées pour réaliser ces rêves.

- À présent, choisissez un objectif important ou une aspiration particulière que vous nourrissez depuis longtemps, quelque chose qui, selon vous, vous apporterait beaucoup de satisfaction : de la fierté, de la tranquillité d'esprit, du confort, du bonheur, des bons souvenirs, une connexion avec votre famille, de l'harmonie, etc.
- À quel point avez-vous envie que ce rêve se réalise ?
- Comment vous sentirez-vous lorsqu'il sera réalisé ? Comment vous comporterez-vous, une fois que vous aurez atteint cet objectif ? Visualisez-vous dans le futur. Imaginez. Prenez le temps de vivre cette sensation, ce que vous ressentiriez si c'était déjà fait. Visualisez la réussite.

Vous remarquerez peut-être que prendre un peu de temps pour vous pencher sur votre passé vous rapproche de vos émotions et vous fait réaliser la valeur que vous attribuez à vos succès, ainsi que le prix que vous avez payé pour réaliser chacun d'entre eux.

Prendre conscience de ce que vous avez accompli dans le passé est très important : ce sont vos "petits" pas mesurés sur la montagne. Ils vous prouvent que vous êtes capable de merveilles. Cela développe votre confiance en vous et renforce votre volonté de réaliser les rêves qui ne le sont pas encore. Cela vous rappelle également que vous avez payé un prix pour réaliser chacun de vos rêves. Votre nouvel objectif peut être simplement de trouver davantage d'harmonie dans votre vie, ou bien de créer votre propre entreprise.

Encore une fois, permettez-vous d'écrire librement, sans juger, sans évaluer, ni filtrer vos notes. Écrivez même les choses un peu folles qui vous passent par la tête. Cette activité génère

> *Si vous pensez que vous pouvez y arriver, ou si vous pensez le contraire, vous avez raison.*
>
> – Henry Ford

plusieurs effets positifs à l'intérieur de votre cerveau : en vous donnant une permission totale, vous libérez votre esprit et stimulez votre créativité. Certains de ces rêves nécessiteront une action immédiate de votre part, et devront devenir des grandes priorités dans votre vie. Je vous recommande de vous retenir de partager ces notes **avec quiconque**. Vous courez un plus grand risque en les partageant qu'en les gardant pour vous. Il s'agit de votre Cahier Ciel Bleu personnel et privé.

Etude et pratiques avancées

- Lisez les trois premières habitudes du livre *Les 7 habitudes de ceux qui réalisent tout ce qu'ils entreprennent,* par Steven R. Covey

Reverse-Engineer le Futur

> *Votre temps est limité, alors ne le gaspillez pas en vivant la vie de quelqu'un d'autre. Ne soyez pas piégés par le dogme – ce qui revient à vivre selon le résultat de la pensée d'autrui. Ne laissez pas le bruit de l'opinion des autres étouffer votre voix intérieure. Et le plus important, ayez le courage de suivre votre cœur et votre intuition. Ils savent déjà ce que vous voulez vraiment devenir. Tout le reste est secondaire.*
>
> – Steve Jobs, 2005, discours prononcé à l'Université de Stanford

Créer votre futur à partir de la certitude de ce que vous voulez

Étude de cas

Au cours d'une séance de coaching, une cliente me parle d'un défi professionnel auquel elle est confrontée. Elle me décrit une situation complexe, ses impacts négatifs sur son activité professionnelle et l'incertitude qu'elle ressent. Après de nombreuses tentatives infructueuses pour trouver une solution, et avoir dépensé beaucoup d'argent avec ses consultants, elle a réalisé que son souci trouve sa source dans le nombre accablant de problèmes qu'elle rencontre. Elle se sent intimidée, découragée et impuissante. Elle participe à notre séance de coaching afin d'y voir plus clair. Je lui demande de visualiser son résultat optimal :

Si tout se passe vraiment bien, si rien n'échoue, qu'est devenue la situation dans un an ? Que se passe-t-il, si vous réglez tous vos problèmes ?

En posant ce genre de questions, je l'invite à emprunter la route d'une vision de la réussite qui transcende ses problèmes, pour qu'elle explore son futur dans l'état d'esprit de la Courbe Verte. Il s'agit de changer immédiatement d'état d'esprit, de manière de penser.

Je l'invite à choisir deux endroits dans la pièce. Un qui représente symboliquement sa situation actuelle, et un autre, à l'opposé, qui représente une des multiples situations parfaites possibles dans un an. Je lui demande de se tenir à l'endroit qui représente son avenir réussi et de regarder l'autre endroit, celui qui représente sa situation actuelle. Je lui dis :

Vous vous trouvez à présent dans le futur. Les choses ont évolué pour le mieux. Dites-moi ce qui s'est passé. Qu'avez-vous fait pour créer cette bien meilleure situation ?

Elle commence à visualiser ce qui s'est passé, les étapes franchies pour parvenir au point où elle se tient à présent. Elle se rend compte qu'elle peut réellement créer ce résultat positif si elle puise dans sa créativité et dans sa détermination naturelles.

Je lui demande de se concentrer sur un seul obstacle à la fois. De cette manière, elle réalise qu'elle a souvent un moyen d'arranger chacun des problèmes et de minimiser leurs impacts négatifs, voire de les éliminer entièrement. Elle prend conscience qu'en différentes circonstances par le passé, elle a déjà accompli certaines des choses nécessaires à la réalisation de sa vision de la réussite.

Je lui suggère de prendre un moment pour écrire quelques notes sur sa manière d'approcher ces situations passées, pour qu'elle se rappelle quoi faire dès le lendemain.

Il s'agit d'une étape cruciale : écrire des actions concrètes et simples, réalisables immédiatement, pour que l'enthousiasme ressenti sur le moment génère rapidement des résultats tangibles au lieu de s'estomper.

À l'issue de la séance, ma cliente est enthousiaste et optimiste.

Elle décide d'être plus audacieuse, d'organiser un plan d'action et de commencer à affronter les vrais obstacles à mesure qu'ils se présentent, sans faillir.

Voici de bonnes questions à vous poser :

De quel soutien ai-je besoin pour être vraiment sûr de faire ça ?

Qui peut m'aider ?

Qui peut me tenir responsable de mes actions et m'aider à tenir mes engagements ?

Vais-je le faire ?

Quand ?

Comment saurai-je quand c'est fini ?

Il s'agit de coaching en Courbe Verte, processus qui consiste à visualiser votre futur tel que vous le souhaitez, pour commencer à le construire immédiatement. Aujourd'hui.

Demandez-vous :

Quelle est la plus petite chose que je puisse faire différemment, dès que possible, pour avancer vers ce nouvel objectif, ce gros Point Vert ?

Pour vous, lecteur, c'est un bon moment pour faire une pause et réaliser le même exercice. Prenez quelques minutes tout de suite pour visualiser, puis couchez sur le papier vos idées sur quelques actions que vous pouvez mettre en oeuvre pour modifier votre futur.

Oui, faites-le maintenant. Le plus souvent, il s'agit d'un exercice très stimulant et agréable. Puis demandez-vous : quelle est la plus petite chose que vous puissiez faire pour avancer d'un pas dans la direction de votre Futur Vert ?

En accomplissant ce petit pas, cette petite action, vous commencez à changer votre futur réactif en futur proactif. Vous modifiez votre trajectoire d'un tout petit degré, d'un millimètre ; mais en continuant sur cette nouvelle trajectoire, vous vous éloignez de plus en plus du futur réactif, en le laissant loin derrière vous. Votre vie ne sera tout simplement plus la même, parce que vous avez pris une minute pour accomplir cette action. Lorsque vous commencez à faire des petites actions proactives chaque jour, votre vie devient un voyage, et vous ressentez les joies de la réussite quotidiennement. Vous vous sentez maître de votre destin. Vous êtes le capitaine de votre âme.

Le plus important, c'est que ce que vous accomplissez <u>aujourd'hui</u> soit cohérent avec votre objectif sur la Courbe Verte ; finie la Courbe Rouge! En continuant d'agir ainsi, une action à la fois, tous les doutes que vous entreteniez sur votre potentiel vont commencer à disparaître. Vous vous rendrez compte que les choses vont même s'accélérer. Le diagramme ci-dessous illustre ce phénomène.

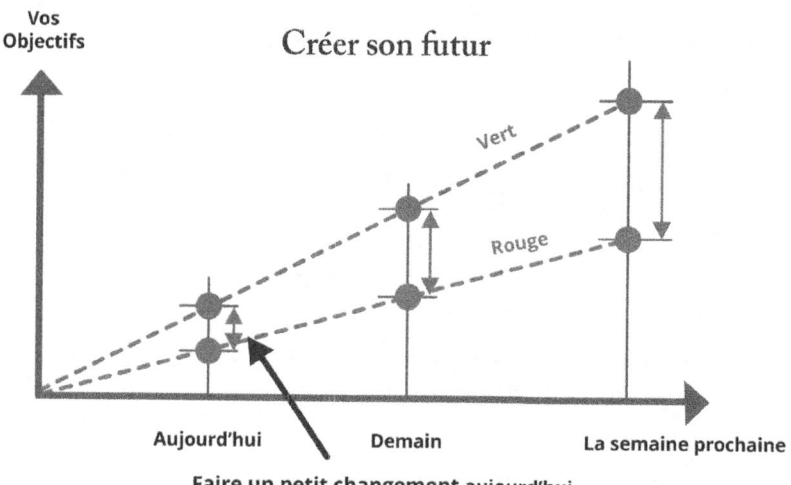

Créer son futur

Faire un petit changement aujourd'hui est le début de redessiner son futur

À présent, nous pouvons comprendre ce que signifie *reverse-engineer* le futur.

Afin d'être cohérent avec les objectifs que je me suis fixés, je dois me demander ce que je peux faire cette semaine, demain, aujourd'hui, pour commencer à les réaliser.

Le petit changement que vous réalisez aujourd'hui est la part la plus importante de la construction de votre réussite. C'est ce qui fait la différence entre celui qui se contente de rêver et celui qui est acteur, architecte et constructeur de son existence.

Cela peut sembler simple, mais je vous assure qu'il n'en est rien. Le défi n'est pas que le système fonctionne ou non – il fonctionne déjà pour des milliers de personnes chaque jour dans le monde entier. Vous sautez vraiment le pas lorsque vous décidez de vous concentrer, de surmonter vos résistances lorsqu'elles se présentent, et de respecter vos engagements. Vous prenez davantage confiance en vous. Vous cultivez de nouvelles habitudes, et vous développez la pensée positive *Oui, je peux !* qui s'enracine dans tout votre être.

Oui, en effet, vous pouvez !

Votre Voix de la Réussite s'associe à votre Voix du Doute, et elles deviennent complémentaires. Votre Voix de la Réussite va identifier le Point Vert qui vous motive avec précision et elle va créer une liste d'actions à accomplir.

Vous avez besoin de vous concentrer sur les obstacles vrais, et non imaginaires. Votre Voix du Doute peut identifier précisément les plus évidents et les plus immédiats liés à chacune de ces actions. En appréhendant chaque difficulté avec un état d'esprit élevé, votre concentration, votre créativité et votre ingéniosité trouvent leur source dans votre plus grand potentiel.

Par la suite, nous explorerons des moyens pour rester dans un état d'esprit élevé que j'appelle ''*Peak State*'', pour éliminer la procrastination, les interruptions et les distractions. Avec le temps, un facteur très important apparaîtra : comment éliminer efficacement les personnes toxiques autour de vous ou comment minimiser leur impact sur vous. Vous les connaissez. Ce sont les personnes qui vous empêchent de donner le meilleur de vous-même, qui ne vous encouragent jamais et qui ne vous poussent pas à vous dépasser pour réaliser vos rêves.

À présent, j'aimerais que vous réfléchissiez à la différence entre regorger d'enthousiasme et être victime d'*inflation*. L'enthousiasme vous aide à savoir que vous êtes capable d'agir et qu'il existe de multiples manières de dépasser les difficultés. Et comme vous l'avez déjà fait tant de fois par le passé, vous allez continuer à progresser et à vous épanouir au maximum de vos capacités en vous disciplinant et en utilisant le système que je propose.

Alors que l'*inflation*, c'est ne rien produire tout en gardant les mêmes objectifs. Une personne victime d'*inflation* pense qu'elle est géniale et capable, mais elle ne met pas en place la discipline, le suivi et la persévérance nécessaires pour avancer, pour respecter ses engagements et pour travailler dur lorsqu'il le faut. L'objectif est d'être enthousiaste, concentré et fier de ses progrès constants et patients. Alors qu'au contraire, l'*inflation* amène au découragement et à blâmer votre environnement pour tous vos non-résultats.

Un très bon moyen pour affronter les obstacles est de vous entourer de gens qui ont également envie de progresser. Vous devez être sélectif et refuser les compromis lorsqu'il s'agit de choisir ceux qui vous entourent. Vous avez besoin de gens avec un état d'esprit proactif autour de vous, et d'éviter les états d'esprit réactifs. Les personnes proactives ne perdent pas beaucoup de temps à se plaindre ; elles préfèrent envisager le meilleur résultat qu'elles peuvent atteindre dans toute situation. Elles prennent en compte les capacités, les moyens et les ressources à leur disposition et elles agissent de manière à réussir ici et maintenant.

Les comportements réactifs ont tendance à se concentrer sur la survie, ils s'adaptent, au mieux ; et ils tentent d'éviter toutes sortes de risques imaginés. Les personnes réactives ont tendance à utiliser les mots *Oui, mais...* très souvent. Les personnes qui fonctionnent dans cet état d'esprit défendent leurs limitations et remettent en question la validité de votre ambition. Elles disent des choses comme :

Oui, mais personne n'a fait cela avant.

Tu ne te rends pas compte que c'est une illusion ?

Qu'est-ce que tu reproches à la situation actuelle ?

Oui, mais dans notre culture, dans l'économie actuelle, avec ce type de gestion, avec ce gouvernement stupide, avec la mauvaise éducation que nous avons reçue, avec le mari/l'épouse que j'ai, avec toutes les obligations que j'ai déjà, je ne peux tout simplement pas faire ça – et toi non plus, au fait.

La liste est infinie.

Vous pouvez certainement identifier les personnes réactives autour de vous, parmi vos amis, vos collègues et/ou les membres de votre famille.

Vous pouvez vous associer à d'autres personnes proactives, et travailler en duo ou en trio, pour former une équipe qui cherche vraiment à se soutenir : l'une propose, l'autre encourage, apporte des critiques constructives et des suggestions, et n'accepte pas les fausses excuses. Dites-vous qu'il s'agit de votre équipe de première ligue, dont l'objectif est le succès.

Prenez maintenant un moment pour établir la liste des quelques personnes avec un état d'esprit proactif que vous connaissez et avec qui vous pouvez vous associer, que vous pouvez rencontrer régulièrement pour vous soutenir dans vos démarches respectives. Faire ceci peut être très créatif, stimulant et encourageant. Toutefois, construire une équipe comme celle-ci demande de la volonté, de la rigueur et des compétences. Des compétences telles qu'être capable d'écouter sans interrompre, de proposer des commentaires positifs et attentifs, d'éviter de faire la morale aux autres ou de chercher à leur dicter leur conduite, de demander des résultats et d'être sincère dans votre *feedback*. Nous en parlons davantage dans la suite de cet ouvrage, ainsi que des autres compétences à acquérir au cours de votre voyage afin d'accélérer le processus.

À présent, essayons de résumer tout ce système de visualisation et de planification pour créer un dispositif journalier dont vous pourrez vous servir dès aujourd'hui. Il est temps de décoller et de commencer à produire.

Faire de chaque jour une journée immense

L'avenir dépend de nos actions dans le présent.

-Mahatma Gandhi

Une des clés pour être aux commandes de votre vie est de reprendre le contrôle sur des petites parties de celle-ci, une à la fois, l'une après l'autre. Essayer de reprendre totalement le contrôle d'un seul coup semble une tâche irréalisable. Pourtant, passer une journée proactive, chaque jour, est à votre portée. Prenez conscience à quel point il est important de gérer votre temps, de concentrer votre attention et de mettre en œuvre les actions nécessaires pour que vous passiez une journée réussie. Nous sommes tous occupés, à un point frénétique, incroyablement pluri-actifs au quotidien. Et nous sommes continuellement interrompus par toutes sortes de sollicitations; des e-mails, des SMS, des informations, des publicités et des collègues désorganisés. Notre attention est sollicitée constamment, de diverses manières.

La plupart des gens abordent et traversent leur journée sans savoir clairement s'organiser pour la réussir. Ils vivent des journées réactives : des événements se produisent et ils s'y adaptent. Par exemple, la première chose que beaucoup font en arrivant sur leur lieu de travail, c'est de lire leurs e-mails, comme si ces e-mails allaient déterminer ce qui sera important dans leur journée. D'autres font le tour du bureau pour dire bonjour à tout le monde, et ils sont distraits par les problèmes qui se présentent à mesure de leurs rencontres. En général, les managers sont sollicités pour de nombreux problèmes par leurs collaborateurs directs. Ils proposent généreusement leur aide, et d'une certaine manière, les "singes" (les tâches ennuyeuses) des autres deviennent les leurs. À partir de ce moment, ils réagissent aux urgences des autres personnes et à des requêtes floues, et ils se retrouvent ainsi distraits de leurs objectifs sans même s'en être rendu compte. De cette manière, planifier et organiser son temps devient incroyablement difficile. Les journées semblent s'écouler sans but, comme un petit bateau fragile sur une rivière.

Nous voulons apprendre à créer du temps, à faire moins de choses tout en en accomplissant davantage. Ce chapitre vous apprend à faire de chaque jour une journée immense. Il s'agit de mener son existence délibérément et de choisir comment vous la menez, au lieu de laisser les autres le déterminer. La récompense pour beaucoup de mes clients a été incroyable, et cela a parfois changé leur vie. Mais cela leur a demandé de la détermination, du courage et de la concentration.

Laissez-moi vous présenter la PDM, la Pratique Délibérée du Matin.

La Pratique Délibérée du Matin (PDM)

Objectifs : Identifier les tâches clés à accomplir pour créer une journée réussie. Établir un plan d'action en partant du résultat, de la réussite finale. Vivre chaque jour de manière proactive.

Résultat final : Vous êtes stimulé par votre capacité à passer de la parole aux actes. Vous ressentez de la joie, une satisfaction profonde et vous percevez l'existence de grandes possibilités.

Instructions : Visualisez la fin de votre journée très réussie, et servez-vous du *reverse-engineer* en vous demandant : *Si les choses sont ainsi à la fin de cette journée, qu'ai-je fait pour y parvenir ?* Au cours de votre journée, concentrez-vous pour réussir chaque tâche – à faire la bonne chose, et à la faire bien – et ne vous focalisez que sur une tâche à la fois. Cela renforcera votre détermination et votre capacité à vous concentrer. Lorsque vous avez dévié de votre plan initial, remarquez-le et apprenez de vos erreurs.

Plus précisément, en collaboration avec votre Voix de la Réussite et votre Voix du Doute, prenez une vingtaine de minutes pour réaliser l'exercice suivant :

- Visualisez-vous à la fin de votre journée. Prenez votre cahier *Ciel Bleu* et écrivez, par ordre d'importance, trois actions clés que vous avez accomplies aujourd'hui. Choisissez des événements importants, mais simples et réalistes.
- Demandez à votre Voix du Doute les obstacles qui se sont présentés.
- Posez la même question à votre Voix de la Réussite, et écrivez comment vous avez procédé pour que rien n'empêche la réalisation de ces actions. Écrivez de quelle manière vous vous êtes organisé pour vous assurer que rien ni personne ne vous en empêche.
- Planifiez votre journée avec des actions simples, courtes et spécifiques. Notez tout ce dont vous avez besoin de vous rappeler pour ne pas dévier de vos objectifs. Anticipez les obstacles, les interruptions et les distractions, ainsi que les autres défis que vous pourriez rencontrer. Établissez une stratégie pour rester concentré et accomplir vos objectifs, ces actions – *par tous les moyens*.
- À la fin de la journée, prenez un petit moment pour la débriefer. Tirez des leçons des événements positifs comme négatifs. Quels comportements vous ont été utiles ? Demandez-vous comment vous pouvez réussir encore mieux le lendemain.

CONSEILS

En ce qui concerne les obstacles que vous avez rencontrés, voici ce que votre Voix du Doute pourrait dire :

Tu as manqué de concentration, tu as été distrait, désorganisé, paresseux, tu n'as pas réussi à dire non, tu as laissé d'autres personnes t'interrompre, tu as passé trop de temps à lire tes e-mails, tu t'es réveillé trop tard, tu as manqué ton train, tu as trop bu, tu n'as pas été réaliste, et/ou tu as été complètement indiscipliné. (Cette Voix peut être très imaginative.)

Par rapport aux obstacles que vous avez rencontrés et surmontés, voici ce que votre Voix de la Réussite pourrait dire :

Tu as fermement décidé, de manière consciente, de réussir. Tu as été très clair au début de chaque réunion afin que tous les participants sachent que tu comptais terminer à l'heure prévue. Tu as décidé de commencer par lire les e-mails de ton supérieur, puis ceux de tes collègues, et tu n'as pas regardé ceux de tes collaborateurs avant midi. Tu as annulé plusieurs actions qui semblaient importantes pour les autres mais qui ne l'étaient pas pour toi. Tu as délégué certaines de ces tâches à d'autres personnes, tu as évité de croiser ce collègue bavard et en demande d'attention qui semble toujours apparaître au moment où tu as le plus besoin de te concentrer... (Etc.)

Vous pouvez décider de faire la PDM avant de vous rendre au travail, peut-être même avant que les autres ne se réveillent, ou vous pouvez y consacrer les vingt premières minutes de votre journée professionnelle dès que vous vous installez derrière votre bureau. S'il vous plaît, ne vous trouvez pas d'excuses. Trouvez le moyen de le faire. Je suggère souvent à mes clients d'allumer une bougie chez eux et de laisser l'éclat chaleureux les inspirer pour se préparer à réaliser cet exercice.

Certains de mes clients font un jogging, prennent une douche ou préparent leur petit-déjeuner avant de réaliser cette pratique dans un état d'esprit méditatif.

La PDM est simple : Vous visualisez une journée parfaite au cours de laquelle vous accomplissez des actions en accord avec votre Courbe Verte, et des actions qui sont pour vous, qui prennent soin de vous.

C'est ici que se présente le test crucial. Si vous ne pouvez pas respecter l'engagement que vous prenez ici avec vous-même, ou si votre esprit crée trop de *Oui, mais...*, alors le processus de la Courbe Verte n'est pas encore pour vous. Il deviendra peut-être une possibilité stimulante dans un proche futur, mais pour le moment votre niveau de détermination et de volonté a encore besoin de se développer. Il faut parfois à mes clients des semaines, voire des mois, avant qu'ils ne comprennent que ce processus devient magique lorsqu'on fait l'expérience de la réussite quotidiennement. Au bout d'un moment, cela devient un mode de vie, et ils se rendent compte que ne pas pratiquer la PDM les stresse ! Ne pas le faire revient à choisir un chemin plus difficile. Pour l'instant, si vous n'êtes pas encore prêt pour la Courbe Verte, je vous conseille de relire ce livre depuis le début ; observez vos résistances, vos excuses et vos distractions, ainsi que votre manière de rationaliser le fait de ne pas essayer, pour vous préparer à passer à la prochaine étape.

Par contre, si vous vous engagez à faire tout ce qu'il faut pour le réaliser aujourd'hui, *Bienvenue au Club !*

PDM avancée

À ce stade, vous vous êtes peut-être surtout concentré à résoudre les parties réactives de vos journées, surtout si vous avez toute une liste de choses en retard. Vous aurez peut-être besoin d'ajouter progressivement certaines de ces choses à votre liste chaque jour jusqu'à ce que vous ayez rattrapé ce retard. Gardez à l'esprit qu'il est normal de s'attendre à gaspiller entre 20 et 30% de votre temps, à cause de certains de vos collègues par exemple. C'est la vie réelle. Essayez de limiter cette perte de temps à 20%, si vous pouvez.

Ensuite, 30% de votre temps devrait être dédié à des actions réactives : des choses que vous ne pouvez pas éviter, comme des tâches routinières ou des demandes de votre supérieur. Ayez pour ambition de garder entre 40 et 50% de votre temps alloué aux tâches proactives, qui, elles, sont importantes.

Votre liste d'actions PDM peut inclure ce genre de propositions:

- Vous détendre en faisant une petite sieste après le déjeuner ou en faisant une promenade
- Faire progresser vos projets en passant un coup de fil pertinent à un client/collègue/ami/être cher ou à quelqu'un de compétent
- Prendre soin de votre corps et de votre esprit en prenant rendez-vous avec votre dentiste/médecin/thérapeute/diététicien/ostéopathe pour résoudre une douleur ou un problème précis
- Collecter des informations sur un nouveau poste dans votre entreprise
- Déléguer ou éliminer une tâche qui appartient à la Courbe Rouge (réactive)
- Consulter un catalogue de cours du soir sur des sujets en lien avec les compétences dont vous avez besoin sur votre Courbe Verte ; et éventuellement vous inscrire pour en suivre un ou plus.

J'adore ce processus. Il est devenu tellement automatique que je ne me rends même plus compte que je le fais absolument tous les matins.

Très récemment, j'ai présenté ce système à Julie, qui est partenaire dans un cabinet juridique basé à Paris. Elle a noté plusieurs engagements pour la semaine, dans l'objectif d'augmenter le nombre de clients de son cabinet. Une des actions liées à sa Courbe Verte était de descendre du métro quelques stations avant l'arrêt situé près de chez elle à la fin de la journée. Cette simple différence lui permettait de marcher, de se libérer de sa journée bien remplie et d'arriver chez elle plus détendue et prête à prendre soin de ses deux petites filles.

Simple, n'est-ce pas ?

Elle a constaté un impact si positif qu'elle le fait à présent chaque jour. Je lui ai seulement suggéré une amélioration de sa nouvelle habitude :

Julie, lorsque vous marchez, concentrez votre attention sur la beauté de Paris. Concentrez-vous sur le fait d'apprécier – de contempler ce qui se passe autour de vous, d'apprécier qui vous êtes, de ressentir de la gratitude pour ce que vous avez dans votre vie, et ainsi de suite.

Après cette routine de PDM, vous devriez avoir une liste de cinq ou six points clés que vous êtes totalement déterminé à accomplir aujourd'hui pour que votre journée soit réussie. Vous pourriez vous sentir excité, stimulé et déterminé à les réaliser.

Lorsque vous réussissez votre journée, assurez-vous de vous récompenser pour votre effort. N'ayez pas peur de vous féliciter. Ne soyez pas avare de compliments envers vous-même ; oui, vous êtes doué ; oui, on peut compter sur vous ; et oui, vous êtes aux commandes de votre vie. Si vous vous rendez compte que vous n'avez pas réussi à tout accomplir, analysez pourquoi, et prévoyez plus soigneusement le lendemain. À partir de maintenant, décidez de faire ceci chaque jour. Avec de la pratique, ce processus deviendra plus rapide et sera comme une seconde nature. Vous réaliserez que vous l'attendrez avec impatience, parce qu'il vous apporte un sentiment de réussite.

Lettre d'un client

Maintenant, j'arrive tôt au bureau quand tout est calme, avant que la plupart de mes employés n'arrivent.

Après avoir salué les personnes déjà présentes, j'entre dans mon bureau, je ferme la porte, je m'assois dans mon fauteuil et je prends une grande inspiration. Puis j'ouvre mon cahier, je prends une page blanche et j'écris la date puis les mots "PRATIQUE DÉLIBÉRÉE DU MATIN", que je souligne. Cet ordre est très automatique et je le fais tous les matins : c'est ma routine quotidienne, la première chose que je fais au bureau chaque jour.

Ensuite, je réfléchis à ce que j'aimerais faire, à ce que j'aimerais accomplir aujourd'hui, de manière à pouvoir me dire à la fin de la journée : « C'était une bonne journée utile, » en d'autres termes, afin "d'être content" de ma journée.

Ma PDM est un moment très intime, et si quelqu'un frappe à la porte je lui demande de repasser un peu plus tard.

Dans ma PDM, je liste des actions qui sont mes priorités et que je peux facilement accomplir durant la journée, sinon je crée une situation génératrice de frustration. Toutes ces tâches commencent par un verbe d'action (aller, organiser, discuter, convaincre, envoyer...) et j'essaie d'utiliser des formulations positives. Par exemple, au lieu d'écrire "Rencontrer XXX", comme un simple emploi du temps, j'écris : "Réussir la réunion avec XXX." Chaque action est définie par quelques mots – pas plus de trois ou quatre. Chaque tâche commence par un point, une action par ligne. J'essaie de classer les actions par ordre de priorité, la première étant la première à faire. Lorsque j'ai fini de dresser la liste d'actions, je tire un trait en dessous avec une règle, afin que ma PDM du jour soit bien visible dans mon cahier. Tout ce processus me prend en général entre 15 et 20 minutes.

J'inclus toujours une action personnelle. Cela peut être par exemple aller chercher mon fils après son entraînement de foot ou appeler un ami, ou encore appeler mon conseiller financier pour obtenir un renseignement. Ces actions personnelles m'apportent une grande satisfaction, parce que comme nous sommes tous très occupés, le domaine personnel tend à être relégué au second plan, ou à être remis à un futur, à une période plus calme qui ne vient jamais.

J'estime qu'il est essentiel de noter des actions réalisables, et même réalisables facilement, parce que ce sont des victoires rapides. Avant que je ne commence à pratiquer la PDM tous les jours, je me souviens du nombre de fois où je me suis posé la question : qu'est-ce que j'ai fait aujourd'hui ? – Réponse : rien. (ce qui évidemment, était faux, mais c'est ce que je ressentais !)

Dès que j'ai accompli une action, je la barre immédiatement ; ainsi je peux voir – visualiser – ce que j'ai déjà accompli aujourd'hui. Mon cahier est toujours ouvert à la page du jour sur mon bureau, je peux voir ainsi où j'en suis par rapport à ma pratique quotidienne. Cela me donne de l'énergie, et la satisfaction d'avancer lorsque je vois les tâches déjà barrées. Et évidemment, cela m'aide aussi à planifier ma journée.

Je suis déjà très content d'avoir écrit cet e-mail, qui était au début de ma PDM aujourd'hui !

Cordialement,

Régis F.

Révèle-toi !

*Un pessimiste voit la difficulté dans chaque opportunité,
un optimiste voit l'opportunité dans chaque difficulté.*
— Winston Churchill

Commençons par envisager une perspective positive avant d'avoir des exigences sur votre performance. Nous parlerons des manières d'atteindre un plus haut niveau de performance dans le prochain chapitre, *Lève-toi et marche, Maintenant*. Pour l'instant, penchons-nous sur le mystère fantastique de votre naissance.

Les analyses de sperme montrent qu'il contient en moyenne entre 15 et 40 millions de spermatozoïdes par millilitre éjaculé. En tant que spermatozoïde, vous avez survécu et évité toutes sortes d'anomalies et de conditions difficiles : aspermie, azoospermie, hypospermie, oligozoospermie, asthénozoospermie, tératozoospermie, nécrozoospermie, et enfin, leucospermie.

Au cours de la période de fécondité de vos parents, vous êtes arrivé le bon jour, au bon moment, lorsque toutes les conditions étaient réunies pour que vos parents se reproduisent. À cause de tous ces facteurs, vous aviez bien moins d'une chance sur 10 milliards d'atteindre l'ovule, alors qu'un joueur de loto a environ une chance sur 10 millions de gagner. Ce qui signifie qu'il était pour vous au moins mille fois moins probable de parvenir jusqu'à l'ovule que de gagner au loto. En fait, un bon statisticien dirait que vous aviez une chance sur 100 milliards, ce qui équivaudrait pour vous à gagner deux fois de suite au loto. Impossible, vous direz-vous peut-être ; et pourtant vous l'avez fait.

Vous êtes le seul à y être arrivé. Les milliards d'autres spermatozoïdes qui nageaient autour de vous ont péri. C'est comme si tout le ciel nocturne était entièrement noir, à l'exception d'une seule étoile : Vous. Malgré vos chances infinitésimales de survivre, vous avez continué à avancer sans relâche vers votre objectif, l'ovule.

Donc, vous connaissez déjà sûrement cet endroit où le doute n'existe pas. En naissant, vous êtes déjà l'être le plus déterminé que vous ayez rencontré. C'est un fait. Chacun d'entre nous est un de ces êtres miraculeusement déterminés. Lorsque vous regardez vos proches, votre voisin ou votre collègue, prenez un moment pour prendre conscience que vous êtes en présence d'une autre merveille de la Nature. Tout comme vous, ils méritent votre appréciation et votre respect le plus profond.

Vous et moi, nous nous sommes battus pour remporter le plus grand des défis, avant même de commencer notre existence. Je me suis demandé : *Pourquoi moi ? Que suis-je censé faire avec une chance et une détermination pareilles ?* Ma réponse, c'est que ma mission est d'aider tous ceux qui sont voudront bien m'écouter à vivre pleinement, à atteindre leur plus haut potentiel, à sentir que la vie est magique et que cela vaut la peine d'essayer de réaliser ses rêves.

Permettez-moi de vous poser ces questions profondes :

Quel est votre but dans la vie ?

Qu'êtes-vous censé accomplir au cours de votre vie ?

Que voulez-vous faire des incroyables compétences que vous possédez, et ce, depuis avant votre naissance ?

Pourquoi commenceriez-vous à douter maintenant de votre potentiel et de vos opportunités ?

Envisagez-les comme des questions ouvertes qui ne nécessitent pas de réponse immédiate. En cherchant les réponses, vous vous engagez sur le chemin qui révélera le géant en vous.

Vous vous révélez quand vous faites ce que vous vous êtes engagé à faire, lorsque vous êtes persistant, lorsque vous continuez d'avancer. Vous vous révélez dans votre vie quotidienne lorsque vous dites les choses qui doivent l'être, ou lorsque vous faites ce qui est bon pour vous ou pour les autres. Vous vous révélez lorsque vous sortez de votre zone de confort et que vous réparez ce qui doit l'être dans votre vie. Quelle est votre manière personnelle de vous révéler ? Je vous encourage à prendre un moment pour écrire ce que signifie *se révéler* pour vous.

Cela peut être suivre un cours du soir pour faire progresser votre carrière. Cela peut être réunir le courage de confronter votre partenaire ou votre collègue à propos d'un problème dont vous n'aviez pas osé parler. Se révéler, c'est puiser dans son courage et dans son pouvoir personnel. Au cours de cette aventure Ciel Bleu, vous révéler, c'est vous organiser pour avancer en direction de vos rêves et de vos ambitions.

Lorsque je demande à un auditoire de visualiser la réussite, je leur demande également de *ressentir* à quoi ressemble le succès : de le ressentir dans leur corps, de faire l'expérience des émotions ressenties dans l'état d'esprit de la réussite. Je leur demande d'observer leur comportement, de visualiser leur tenue et comment ils se positionnent par rapport aux autres. La plupart remarquent qu'ils se comportent de manière plus assurée, qu'ils osent davantage, qu'ils agissent plus rapidement et qu'ils passent beaucoup moins de temps à s'inquiéter de ce qui pourrait mal se passer. Ils sourient beaucoup plus. En d'autres termes, plus vous vous sentez positif et optimiste, plus votre comportement sera affirmé. Ces comportements déterminés donnent de meilleurs résultats, et ces résultats vous encouragent à être encore plus audacieux et actif. Vous créez une boucle vertueuse lorsque vous vous révélez constamment et que vous produisez des résultats encore meilleurs.

Prenez bien conscience que le succès commence lorsque vous décidez – lorsque vous faites le choix – de réussir. Avant que vous ne le décidiez, votre comportement ne sera pas adéquat. Il s'agit d'une décision qui doit être soutenue par des actions suivies dans la durée. En apprenant à vous améliorer et en étant toujours en recherche d'amélioration, vous trouverez des moyens de faire mieux les choses tout en minimisant les risques. Les échecs sont des leçons qui valent de l'or sur le chemin qui vous attend.

Décider de réussir ne prend qu'une fraction de seconde. Prenez cette décision maintenant. Il n'y a pas de place pour les *Oui, mais...* Et ne vous dites même pas : *Je connaîtrai la réussite*. Dites à la place : *Je connais la réussite*, et *Je vis la réussite, cela ne fait aucun doute*. Vous vous placez dans un état d'esprit où le

> *La meilleure façon de ne pas perdre espoir est de se lever et d'accomplir quelque chose. N'attendez pas que les bonnes choses arrivent. Si vous vous engagez et réalisez de bonnes choses, vous donnerez de l'espoir au monde et vous vous remplirez d'espoir.*
>
> – Barack Obama

doute n'existe pas. Souvenez-vous également que vous connaissez déjà très bien cet état de certitude. Continuez à vous répéter ces phrases jusqu'à ce que vous *ressentiez* absolument cette vérité.

Lorsqu'on se trouve dans cet état d'esprit positif, les neuroscientifiques de l'Université Rutgers ont prouvé que notre cerveau possède la plasticité et la capacité de développer de nouveaux chemins neurologiques. On appelle cette capacité la *neuroplasticité*. Plus vous agissez dans cet état d'esprit, plus votre cerveau se reconditionne. Ces nouvelles habitudes positives deviennent alors des réflexes naturels.

Bienvenue au Club ! Je sais que vous y arriverez, parce que vous avez réussi à poursuivre la lecture jusque-là. C'est l'état d'esprit auquel vous devez revenir, encore et encore. Vous êtes à la Source. Dans cet état d'esprit, vous ancrez profondément la pensée : *Oui, je peux*. Cette décision est un acte puissant. Vous pouvez poser ce livre un moment pour ressentir à quel point il s'agit de quelque chose de fort et fondamental. Faites une promenade pour observer et remarquer la beauté de la nature qui vous entoure.

Que faire lorsque vous vous sentez au plus bas ?

Lorsque vous vous sentez déprimé, c'est le moment de *shift*, c'est à dire de changer d'état mental et émotionnel, et de vous souvenir que vous êtes une merveille naturelle. La première étape, c'est décider de faire ce *shift*. De nombreuses personnes préfèrent rester dans un état misérable, se plaindre et accuser, énumérer toutes les raisons pour lesquelles les choses ne se passent pas comme elles le devraient. Ça vous parle ? Très souvent, la plupart de ces raisons vous permettent d'éviter de voir votre propre rôle dans cette situation. C'est pourquoi le plus important est de vous observer attentivement, de remarquer l'état d'esprit dans lequel vous vous trouvez et de prendre la décision d'en sortir. C'est seulement à ce moment que le changement, le *shift* est possible.

J'ai découvert cette technique au cours d'un séminaire aux États-Unis il y a plusieurs années. Les coachs nous répétaient constamment : « Shift ! »

Shift, changer, mais changer comment, vous demandez-vous probablement.

Ce qu'ils nous demandaient, c'est de changer pour adopter un état d'esprit plus utile, et de concentrer notre attention sur quelque chose de plus positif et de plus constructif. Ce changement, ce *shift* peut s'opérer en une fraction de seconde – à moins que vous ne viviez un stress ou une douleur particulièrement importante. Au cours de ce laps de temps, vous prenez le contrôle sur votre angoisse et vous concentrez simplement votre attention sur autre chose.

Vous réaliserez peut-être qu'instinctivement vous le faites déjà, et même souvent, sans y penser ni en avoir réellement conscience. J'aimerais que vous fassiez ce choix de manière consciente et délibérée, dès que vous le souhaitez. Cette technique est enseignée de nombreuses manières différentes, notamment dans la programmation neurolinguistique (PNL).

Parfois, décider d'opérer ce *shift* ne suffit pas – vous devez créer votre propre technique pour changer d'état d'esprit. Pour certains, c'est aussi simple que d'aller se promener. Dans ce chapitre, nous allons parler de ce que vous pouvez faire lorsque vous ressentez le doute et le découragement.

Enfin, parfois il sera mieux de ne pas changer. Vous aurez peut-être besoin de rester au lit, sous la couette, de regarder la télé toute la journée, de ne rien faire ou de laisser les émotions qui vous étreignent s'exprimer totalement. Assurez-vous simplement que cela ne devienne pas une habitude ou une excuse pour vous. Avez-vous déjà entendu quelqu'un dire : « *Ce n'est pas le moment – Je le ferai lorsque je me sentirai mieux,* » encore et encore ? Vous ne voulez pas être cette personne.

Comment nourrir votre détermination à réussir ?

La réponse est simple, et c'est cette simplicité qui la rend si difficile à comprendre. Vous avez simplement besoin de *décider* d'alimenter votre détermination à réussir. Tout se résume à prendre cette décision.

Mon histoire personnelle

J'ai participé à un séminaire avancé à Kalani, un centre de retraite sur la grosse île d'Hawaï au sud de la ville de Hilo, qui avait un format similaire à celui de Lucerne Valley en Californie. Cette fois, un des objectifs était de faire l'expérience des forces de la nature et de les relier aux forces puissantes présentes en nous. Nous sommes allés nous asseoir de nuit au bord d'un volcan. Nous nous sommes assis dans le noir au bord des rivières de lave en fusion, à des températures brûlantes que je n'imaginais pas auparavant. Nous avons écouté la légende de la déesse hawaïenne Pélé, la gardienne du volcan, et nous avons appris à respecter cette terre sacrée. Assis, nous avons regardé les énormes vagues hawaïennes s'écraser contre les roches de lave chaude, et senti la terre trembler.

Une de mes plus puissantes expériences là-bas a eu lieu avec Fran, une très bonne amie. J'ai ressenti un besoin instinctif inexplicable d'explorer un tunnel sous la terre créé par une vieille coulée de lave qui était descendue du volcan. La lave avait séché et laissé un tunnel descendant la montagne, sans sortie. Il fallait entrer et ressortir par la même issue. Aujourd'hui, je suppose que je souhaitais me trouver dans un endroit totalement tranquille et silencieux, aussi loin de tout que possible ; je voulais méditer dans un lieu de calme total. Je cherchais l'inspiration, à ce moment où je venais de perdre mon poste de vice-président à Scientific Learning dans la Silicon Valley. Fran était en recherche d'inspiration aussi. Il y avait des signes de danger et des avertissements tout autour de l'entrée du tunnel. Clairement, il n'était pas facile d'entrer dans ce tunnel, dans une isolation et une obscurité totales. Personne d'autre dans le groupe n'avait voulu venir ; nous avons dû marcher dans un tunnel de lave totalement obscur pendant plusieurs centaines de mètres sous la terre.

Suite à cette expérience, je réalise aujourd'hui que la première leçon était : *Sois clair à propos de ce que tu veux faire, et décide de le faire.* Un des plus gros obstacles que nous rencontrons dans notre recherche du succès, c'est de simplement prendre la décision de réussir, puis de trouver comment s'adapter à mesure que les événements se produisent. En réfléchissant trop à une situation, on peut finir par être si découragé que l'on n'essaie même pas. Notre préparation pour ce trek dans une obscurité totale était minimale. En fait, même pire : elle était ridicule. Le plan était d'aller le plus loin possible dans le trou, de nous asseoir dans le calme, de méditer, d'exprimer nos souhaits pour l'avenir, éventuellement de recevoir quelques révélations intuitives, puis de revenir. Nous avons utilisé des bougies de méditation au lieu des lampes-torches appropriées. Nous ne portions pas les bonnes chaussures, et nous n'avons demandé à personne ce qui nous attendait dans ce tunnel. Un de nos amis attendait à l'entrée notre éventuel retour. Au milieu du tunnel, Fran et moi avons découvert qu'un rocher énorme s'était récemment décroché du plafond et bloquait le chemin. Nous devions l'escalader pour continuer notre route. « Et bien, si un autre rocher tombe, » dit Fran, « notre famille n'aura pas besoin de s'inquiéter pour nos funérailles. » Je l'ai regardée. « Fran, merci pour cet encouragement. » Fran n'était pas sportive et était en surpoids ; il fallut que je la porte par-dessus ce rocher glissant. Allez savoir comment, nous sommes parvenus à l'escalader, à passer par-dessus et à redescendre sans nous blesser ni éteindre nos bougies. Nous ne ressentions aucune peur, uniquement une détermination totale d'atteindre le bout du tunnel.

Ma seconde leçon fut de découvrir que nous avions suffisamment de détermination pour éviter de nous attarder sur des détails mineurs, comme avoir un équipement approprié, des vêtements chauds, de l'eau, la sécurité d'être en groupe, apporter des cordes ou des bougies et des allumettes de rechange, etc. Nous sommes parvenus au bout et nous nous sommes assis en silence. À ce jour, c'est toujours l'endroit le plus calme où je me sois jamais trouvé, un lieu où régnait un silence absolu. Après être restés une vingtaine de minutes assis dans le silence, une compréhension puissante nous vint, une intuition intense qui m'apporta une clarté considérable à propos de mon avenir. Ce fut énorme pour moi.

> *Hervé, tu ne peux pas t'éloigner davantage de ta tribu africaine ni de ta famille. Tu te trouves de l'autre côté de la planète, à un endroit diamétralement opposé de là d'où tu viens. À partir d'ici, si tu continues plus loin ton exploration, tu vas en fait te rapprocher de l'endroit d'où tu as commencé. Ici, c'est le point du retour. Tout comme Ulysse dans le mythe de l'Odyssée, il est temps de rentrer. Tu es prêt.*

C'est là-bas que je décidai de revenir – en Europe, après presque vingt années réussies dans la Silicon Valley, une décision qui ne faisait sens que pour moi. Aujourd'hui, c'est toujours une des meilleures et des plus significatives décisions que je pris dans ma vie. Sans elle, ce livre n'existerait pas. Fran avait plus de cinquante ans. Et pourtant, elle décida de quitter son emploi et d'étudier le droit. Elle a repris les études, et elle est devenue une avocate respectée.

Pourquoi nous sommes-nous lancés dans une expédition aussi risquée ? Qu'est-ce qui nous poussa à continuer dans ce tunnel ? Pourquoi avons-nous été jusqu'au bout de ce que nous avions décidé de faire là-bas ? Je ne découvris les réponses à ces questions que bien plus tard. Nous avions simplement *décidé* de le faire. Qu'est-ce qui a soutenu cette décision ? Je pense que l'environnement calme nous a aidés à voir clairement nos objectifs, et que cette connexion accrue à notre vrai potentiel a créé la croyance que rien ne pouvait nous arrêter.

Perchée dans un arbre, ma chambre n'avait pas de fenêtre, et c'est là que j'écoutais les orages puissants qui éclataient si souvent pendant cette saison. Chaque force naturelle était plus intense, plus puissante et plus dangereuse que tout ce dont j'avais pu faire l'expérience sur les autres continents. J'ai fait l'expérience du Feu, du Vent, de l'Eau et de la Terre. L'impact de ce séminaire ne m'est apparu totalement que de nombreuses années plus tard. Toutefois, j'ai remarqué immédiatement que j'étais devenu plus calme, plus centré, et que j'avais moins peur de la nature. J'avais également moins de doutes et davantage confiance en moi.

Qu'est ce que la *Force* ? C'est votre connaissance interne, le fait de savoir que vous êtes le vent, le feu, la rivière, le soleil, le volcan. Comme Deepak Chopra l'explique dans ses études sur la physique quantique et sur la synchronicité, cela s'apparente à savoir que vous n'êtes pas seul ; à vous considérer comme une partie de l'océan et non comme une vague dans un océan rempli de vagues. *Vous n'êtes pas une vague ; vous êtes l'océan*, est une affirmation qui représente ce que signifie être avec la Force. Vous pouvez ressentir en vous la force d'un feu ardent, votre capacité à persévérer et à vous adapter comme une rivière, ou la capacité de rester immobile et solide comme la Terre. Vous reconnaîtrez peut-être en vous que vous pouvez avancer avec certitude et sans jugement, comme le vent. Ces forces vous nourrissent intérieurement.

Le Vent – Quelles qualités associez-vous au vent ? Adaptable, invisible, fort, destructeur, rapide, créateur d'énergie, caresse douce, force vitale, calme, froid, chaud, rafraîchissant, apaisant, brûlant, flottant par-dessus les montagnes... Pour moi, agir comme le vent peut prendre de nombreuses significations ; se comporter comme une plume dans la brise, sans résistance, ou pousser de toutes ses forces, comme une tornade. Il s'agit de ressentir tout ce que vous pouvez faire en vous inspirant des qualités du vent. Trouvez en vous la force qui s'apparente à danser avec le vent, ou à être le vent. Cela peut être en menant une réunion facilement et avec flexibilité, ou en délivrant un message comme une tornade. Remémorez-vous des moments où vous vous êtes comporté comme le vent.

À quel point est-ce utile ? Vous prenez conscience d'une des formes sous lesquelles se manifeste votre force intérieure, afin d'agir avec autant de certitude et avec les mêmes qualités que le vent.

Yoda dirait : *Il s'agit d'éveiller le Jedi en vous.* Remarquez qu'en fait, vous le faites déjà, absolument tous les jours.

Maintenant que vous connaissez les forces en vous et que vos objectifs sont clairs, nous allons nous pencher sur la question de comment vivre et fournir des résultats sur la Courbe Verte. C'est le monde de la Sueur, dans lequel la réussite consiste en beaucoup d'efforts associés à un peu de génie. La sueur fait référence à votre recherche quotidienne pour rester vivant, pour éviter la souffrance et pour vous sentir aimé. C'est ce qu'on doit faire chaque jour pour soutenir son existence : avoir un bon emploi, payer les factures, s'inquiéter d'avoir à manger, supporter les transports en commun, le stress au travail, se sacrifier pour mettre de l'argent de côté, maintenir ses compétences, prendre soin de sa famille, etc. C'est une part essentielle d'une vie normale. Vous excellez déjà dans ce domaine. Je vous propose de vous servir de ce talent pour faire davantage que survivre, pour élaborer votre vie et mettre votre plan pour la réussite à exécution.

Chère Voix du Doute, Chère Voix du « Oui, mais..., »

Nous avons besoin d'encore plus de coopération de ta part à présent. Je t'assure qu'une portion entière te sera dédiée par la suite. Ce lecteur, cette personne que tu guides, possède un potentiel formidable. Elle commence à prendre conscience qu'elle a un rôle majeur à jouer dans la construction d'un avenir heureux. Je sais ce que tu dois être en train de penser.

Oui, mais... *Elle n'a peut-être pas l'habitude de ce genre de raisonnement.*

Oui, mais... *Il va peut-être penser que c'est pour les personnes matérialistes, les carriéristes.*

Oui, mais... *Ça ne marchera peut-être pas dans sa culture.*

Oui, mais... *Peut-être qu'il est sincèrement tourné vers le plaisir et qu'il en fait le moins possible.*

Oui, mais... *Elle souffre peut-être d'une addiction.*

Oui, mais... *Il a peut-être simplement besoin de vacances en ce moment.*

Oui, mais... *Elle est peut-être déjà trop occupée.*

Oui, mais...

Chère Voix du Doute, certaines des craintes que tu avais auparavant commencent à se dissiper, n'est-ce pas ? Il est tout à fait normal et respectable d'avoir des doutes. Je m'inquiéterais si tu ne ressentais pas encore des doutes ou de la résistance. Nous te demandons respectueusement d'être patiente au cours de ce processus.

Votre ceinture est-elle toujours attachée ? Dans la prochaine partie, nous allons vous présenter des outils pour être cohérent, pour augmenter votre niveau de certitude et créer votre avenir immédiat.

Créer votre réalité

Au final, nous sommes responsables de qui nous devenons. Nous ne sommes peut-être pas en mesure de contrôler notre destin global ou notre destination finale ; toutefois, nous avons le contrôle sur la manière dont nous choisissons de vivre notre voyage. En agissant en conscience, en choisissant délibérément vos actions, vous remarquez que votre comportement influe énormément sur vos ressentis et sur les résultats que vous créez. Si vous agissez avec un état d'esprit négatif, les résultats viendront renforcer ou valider cette approche. Si vous faites l'inverse, les résultats valideront également cette approche.

Par exemple, si vous sortez en société et que vous passez tout votre temps dans un coin à observer la foule sans engager la conversation, il y a de fortes chances pour que vous vous sentiez isolé, pour que vous ayez l'impression de perdre votre temps ou pour que les gens ne vous paraissent pas intéressants. Par contre, si vous décidez consciemment d'engager la conversation, de vous présenter, d'être curieux et de poser des questions pour apprendre à connaître les autres personnes, il y a de fortes chances pour que vous vous sentiez sociable, accessible et pour que vous trouviez les autres intéressants. Vous pourriez même découvrir d'autres avantages auxquels vous ne vous attendiez pas. La vie a le don de créer des coïncidences lorsqu'on ne les attend pas. Vous ferez peut-être connaissance avec une personne qui peut faire avancer vos projets ou votre vie.

Donc, la prochaine pratique puissante sera de décider quelles émotions vous désirez ressentir et les comportements que vous pouvez adopter pour créer ces émotions.

La pratique d'être en contrat avec soi-même

Objectifs : Apprendre à créer votre propre expérience. Comprendre comment vos actions et vos décisions créent la réalité que vous vivez. Être aux commandes de votre quotidien.

Résultat final : Les comportements qui créent des résultats positifs vous procurent des renforcements positifs. Vous souriez beaucoup plus. Vous avez l'impression que les opportunités sont illimitées autour de vous.

Instructions : Vous allez définir des contrats simples avec vous-même. Un contrat consiste en une ou des déclarations simples rédigées sous ce format : *Je ressens [sentiment, émotion, événement]... lorsque je [fais une certaine action]...* En vous servant des propositions ci-dessous comme exemples, rédigez un contrat personnel contenant au moins trois à cinq affirmations.

Exemples forts de contrats

- Je ressens la réussite lorsque je recherche constamment à faire le meilleur dans mon travail.
- Je ressens ma puissance quand je commence par faire les choses que je crains le plus.

- Je me sens libre lorsque je reconnais ma responsabilité dans tout ce qui m'arrive.
- Je ressens une bonne estime de moi-même lorsque je travaille dur au travail, que je demande du *feedback* et que je recherche des moyens pour améliorer mon savoir-faire.
- Je vis ma réussite en mettant de côté mes peurs pour me concentrer sur contribuer et faire ce qui m'incombe.
- Je ressens de l'humilité lorsque je fais ce dont je suis responsable du mieux que je le peux, sans attendre de retour.
- Je ressens la tranquillité d'esprit lorsque je respecte les autres comme ils souhaitent être respectés.
- Je me ressens mature lorsque j'écoute de manière active et que je fais attention à la manière dont je pose mes mots.
- Je sens que je me révèle vraiment lorsque je me pousse au meilleur de mes capacités et que j'apprends toujours de mes erreurs.
- Je me sens connecté aux autres lorsque je parle clairement, quand je regarde les gens dans les yeux, que je souris et que je ne suis pas dans le jugement.
- Je ressens la sagesse lorsque j'apprends à accepter les autres, à les comprendre et à regarder la vie depuis leur point de vue.
- Je me sens connecté et en adéquation avec ma mission de vie lorsque je fais don de moi-même librement et volontairement.

Que ces contrats guident votre comportement chaque jour. Lorsque vous avez établi des contrats, vous pouvez en changer régulièrement. À présent, l'objectif est de respecter vos contrats : de vous tenir à vos engagements, un jour après l'autre. Vous pouvez utiliser cette méthode pour un événement ponctuel, comme une présentation en public, une réunion importante ou avant de passer un coup de fil décisif. Sélectionner clairement le comportement que vous souhaitez adopter en avance peut créer des résultats incroyables, au-delà de vos espérances.

Comment lutter contre le découragement ?

N'abandonnez jamais. Jamais, jamais, jamais, jamais ; n'abandonnez rien, ni de grand ni de petit, rien d'important ni rien d'insignifiant ; n'abandonnez rien sauf quand l'honneur et la raison l'exigent. Ne cédez jamais à la force, ne cédez jamais à la force apparemment irrésistible d'un ennemi.

– Winston Churchill, 29 oct 1941, discours prononcé à Harrow School, GB

Parfois, lorsque vos actions ne provoquent pas les résultats que vos souhaitez, vous vous sentez envahi par le découragement. Pour ne pas rester bloqué dans cette émotion, il s'agit de *shift*, de changer d'état d'esprit. Vous avez besoin de recadrer la situation afin de pouvoir vous remettre en action.

Voici 10 manières efficaces pour éliminer le découragement rapidement. Ajoutez vos propres techniques à cette liste.

10 Manières pour se débarrasser du découragement

- Prenez cinq minutes et écrivez toutes les raisons pour lesquelles vous vous sentez découragé. (Ces notes vous seront précieuses pour établir et affiner votre plan d'action personnel par la suite.)
- Pensez au fait que vous êtes déjà parvenu si loin, et prenez cinq à dix minutes pour faire la liste de vos accomplissements de ces six derniers mois.

- Prenez quelques minutes pour faire la liste de tout ce pour quoi vous êtes reconnaissant dans votre vie.
- Assurez-vous que vous n'êtes pas malade ni épuisé. Si c'est le cas, allez vous coucher tôt et prenez soin de vous. Concentrez-vous pour retrouver votre santé et reposez-vous.
- Dès que vous vous levez, appelez cinq personnes pour les féliciter de quelque chose que vous appréciez chez eux. Faites en sorte que chaque appel soit concis et agréable. Cette technique est incroyablement efficace. Et en plus, vous renforcerez vos relations personnelles.
- Les vrais guerriers, comme vous, continuent à avancer dans la tempête. Occupez-vous : faites cinq petites actions rapides. Le but ici est de rester actif. Réalisez cinq actions simples en lien avec votre projet : rangez rapidement votre espace de travail ; confirmez un rendez-vous ; consultez le site web d'un employeur ou d'un client potentiel. Chaque action ne devrait pas vous prendre plus de deux ou trois minutes, et chacune devrait vous procurer de la satisfaction et vous donner l'impression d'avancer. Restez simple et concis.
- Apprenez quelque chose : lisez un article ou un chapitre dans un livre de développement personnel. Encore mieux, prenez un cours du soir – non seulement vous apprendrez de nouveaux outils, mais en plus vous rencontrerez d'autres guerriers comme vous. Vous pouvez faire équipe avec eux.
- Appelez un ami qui vous soutient et mangez ensemble pour discuter de vos stratégies personnelles. Apportez-vous mutuellement un *feedback* constructif et du soutien.
- Si vous êtes en couple, partagez votre ressenti : *Je me sens découragé en ce moment. J'essaie de sortir de cet état d'esprit.* Parler permet de rendre ces émotions conscientes. Cela suffit souvent pour opérer le changement, le *shift*.

- Demandez à un ami en qui vous avez confiance ce qu'il pense de vos succès. Demandez-lui quel impact positif et concret ont vos actions et votre comportement. Cela vous aidera à voir votre situation sous une perspective plus large et plus encourageante.

Vous pouvez aussi rester sous la couette. Prévenez vos proches que vous avez besoin d'être tranquille un moment, et que vous les contacterez lorsque vous serez remis sur pied. Pensez à vous féliciter lorsque vous avez réussi le *shift*, lorsque vous avez changé d'état d'esprit. Vous venez d'apprendre à dépasser un de vos plus gros obstacles.

Lève-toi et marche, maintenant

Avoir en tête que je peux mourir bientôt est ce que j'ai découvert de plus efficace pour m'aider à prendre des décisions importantes...
– Steve Jobs, discours prononcé à l'Université de Stanford, 2005

Le travail sur vous-même que je vous propose a pour objectif que vous viviez votre vie d'une manière exceptionnelle et gratifiante. Il s'agit de ressentir de la reconnaissance pour l'opportunité qui vous est offerte d'utiliser vos talents. Ce n'est pas une question d'être meilleur que les autres ; l'important, c'est de donner le meilleur de vous-même dans tout ce que vous entreprenez, et de ressentir que votre potentiel se manifeste. Votre chemin est unique et il ne peut pas être comparé à celui des autres. Toutefois, quelques principes universels s'appliquent. Le premier principe, c'est que vous devez vous organiser et planifier votre réussite. Comment allez-vous vous y prendre ? Commençons par la structure et la discipline.

De meilleurs résultats avec moins d'efforts

La plupart des personnes qui connaissent le succès mènent leur vie selon des principes personnels clairs. Lorsque je commence un séminaire sur le leadership, je demande à mon client ou au groupe de participants quelles règles contribueraient à créer un environnement propice, pour obtenir les meilleures performances possibles. Ici, le but est d'atteindre le "meilleur", individuellement ou collectivement, de créer un impact beaucoup plus significatif, de réaliser davantage en faisant moins, d'adopter et de mettre en pratique de nouvelles habitudes.

En général, voici les règles suggérées par les participants :

Être ponctuel
Être ouvert d'esprit
Être direct et honnête
Participer et contribuer
Écouter avec respect et empathie

En observant la manière dont les gens et les organisations fonctionnent, il est facile de comprendre comment l'on gâche tant de temps et manque tant d'opportunités. La plupart des échecs au sein d'un groupe trouvent leur cause dans l'absence d'une structure favorable à la collaboration, basée sur des règles comme : être ponctuel, finir à temps, organiser des réunions structurées, établir des règles strictes concernant les e-mails, écouter, ne pas être dans le jugement, débriefer les réunions et les projets, clarifier les rôles de chacun, parler des problèmes de comportement. Malheureusement, même lorsque certaines de ces règles sont énoncées, nous ne sommes pas toujours "équipés" pour les appliquer. Dans la plupart des cas, nous les contournons et nous créons nos propres règles, en nous ajustant par rapport aux autres. Lorsqu'un engagement n'est pas respecté, le comportement habituel est de trouver une excuse facile pour expliquer rapidement les raisons de l'échec. C'est le cas en Inde, en Chine, en France, en Roumanie, aux États-Unis, en Égypte, en Afrique du Sud et partout ailleurs, avec des individus de toutes sortes, des managers et des leaders mondiaux. D'innombrables organisations ne réaliseront peut-être jamais leur potentiel à cause de ce phénomène.

Lorsque je demande des règles, les gens nomment aisément celles que j'ai listées ci-dessus pour créer un environnement favorable. J'explique plus tard comment se comporter lorsque celles-ci ne sont pas respectées.

Je propose régulièrement une mesure supplémentaire : *Prendre du plaisir*. J'explique que cela signifie remarquer les découvertes, être patient, apprendre à faire les choses plus lentement, prendre le temps d'apprécier le voyage et ne pas prendre ses problèmes trop au sérieux. C'est également une invitation à prendre régulièrement du recul et à observer la magie qui se révèle à chaque instant.

Ces règles établissent un rapport de confiance entre les gens et facilitent les relations professionnelles. Elles nous permettent d'accomplir davantage en travaillant moins. Chaque fois que ces règles sont respectées au sein d'une équipe, elles contribuent à créer des expériences mémorables.

Voici quelques suggestions de règles que je vous propose pour votre voyage :

- *Être ponctuel dans votre vie de tous les jours*
- *Vous donner tous les moyens nécessaires pour respecter vos engagements*
- *Demander de l'aide lorsque vous en avez besoin*
- *Demander du* feedback *et donner le vôtre*§
- *Chercher et reconnaître votre responsabilité, et observer vos décisions*
- *Être respectueux et bienveillant, tout en étant ferme*§
- *Confronter vos comportements auto-destructeurs*
- *Prendre soin de vous et prendre du plaisir*

Vous pouvez ajouter des règles qui vous servent, ou choisir de n'en adopter que quelques-unes (mais dans ce cas, assurez-vous que vous n'en mettez pas de côté simplement par confort ou par facilité). Vous pouvez décider de les respecter toute votre vie. Vous pouvez aussi choisir d'en adopter certaines seulement au bureau ou chez vous. Au début, les gens trouveront peut-être cela étrange. Ce sera le moment de mettre en pratique votre talent afin de les convaincre. Au final, tout le monde vous sera reconnaissant pour votre courage.

Je vais maintenant vous présenter deux pratiques non-négociables. Elles se révéleront fondamentales pour vos progrès et pour la suite de votre développement. Vous les connaissez peut-être déjà ; toutefois, je souhaite qu'elles deviennent une habitude, une façon d'être, qu'elles fassent partie de vous et de votre comportement. Ces deux pratiques sont indissociables de ce chemin vers la réussite. Par la suite, je vous présenterai les Pratiques pour passer à un autre niveau de puissance, qui seront là pour soutenir votre voyage vers l'accomplissement de vos rêves.

La pratique du point de contrôle

Objectifs : Évaluer votre engagement et votre détermination, développer votre capacité à observer et à analyser votre comportement. Identifier les fausses excuses. Remarquer lorsque vous prenez la décision d'agir ou de <u>ne pas</u> agir.

Résultat final : Vous prenez la responsabilité des résultats et des non-résultats que vous créez.

Instructions : Il s'agit d'un point de contrôle de vos progrès jusque-là. S'il vous plaît, soyez sincère avec vous-même et notez dans votre cahier *Ciel Bleu* les réponses à ces questions :

- Avez-vous noté des objectifs sur votre Courbe Verte ? Sont-ils clairs et précis ? Avez-vous identifié au moins un objectif ?
- Réalisez-vous au moins une action proactive chaque jour, en accord avec votre Courbe Verte ? Votre emploi du temps a-t-il un tant soit peu changé ?
- Combien de fois par semaine pratiquez-vous la Pratique Dé-

libérée du Matin (PDM) ? Avez-vous déjà essayé ?
- Si vous rencontrez des difficultés pour faire la PDM, comment les expliquez-vous ? Ces raisons sont-elles justifiées ?
- Pratiquez-vous le fait d'être sous contrat ? Quels sont vos comportements qui le démontrent, précisément ? Avez-vous essayé d'établir un contrat avec vous-même ?
- Sur une échelle de 1 à 10 (10 étant le maximum), notez votre engagement global jusqu'à présent.
- Sur une échelle de 1 à 10 (10 étant le maximum), où devrait se trouver votre engagement global ? Où souhaitez-vous qu'il se trouve ?
- Quels nouveaux comportements pourraient réduire ou éliminer cet écart, s'il y en a un ? Quelle est la chose fondamentale qui doit changer pour que vous vous retrouviez sur le bon chemin pour vous ?

Si vous pratiquez déjà le fait d'être sous contrat, que vous faites les exercices et que vous réalisez régulièrement des actions proactives, je vous félicite. Vos progrès sont considérables ! Vous agissez comme un Jedi du Ciel Bleu ! Écrivez les résultats que vous obtenez et vos ressentis. Mettre par écrit ces réflexions contribue à ancrer votre détermination. Cela rend toute la démarche de plus en plus facile. Faites-le régulièrement. N'hésitez pas ! La prochaine partie du livre vous attend.

Si vous ne pratiquez pas encore le fait d'être sous contrat avec vous-même, avant d'aller plus loin il est important que vous preniez le temps de déterminer ce qui vous en empêche ou ce qui vous ralentit. Il est tout à fait normal de rencontrer des difficultés, et chaque personne avance à un rythme différent. Passer d'un mode de vie centré sur la survie à un comportement proactif demande énormément de détermination et de volonté. Il faudra probablement que vous sortiez de votre zone de confort.

C'est peut-être la première fois qu'on vous demande de fournir des efforts constants. Cette méthode demande des actions régulières, au moins une action proactive chaque jour.

Il existe deux sortes de personnes : celles qui agissent, et celles qui choisissent consciemment (ou inconsciemment) de ne pas agir. Je veux que vous fassiez partie du premier groupe. Ayez conscience que tout commence par une décision, puis par l'action, et ensuite viendra le fait de résoudre les obstacles que vous rencontrerez au cours de vos progrès. Il ne sert à rien de chercher à résoudre tous les obstacles avant même de les avoir rencontrés, avant même d'avoir pris la décision d'agir.

Complétez cet exercice en prenant un moment au calme, par exemple en allant faire une promenade tranquille. Pensez à vos rêves et à vos ambitions. Demandez-vous à quel point vous souhaitez les voir se réaliser. Pensez à vos compétences et à votre potentiel. Réfléchissez à ce dont vous ne voulez plus dans votre vie. Dites tout haut :

JE NE VEUX PLUS DE [...] DANS MA VIE.

Demandez-vous ce que vous êtes prêt à faire pour avancer sur la Courbe Verte, et identifiez les excuses que vous vous trouvez pour ne pas agir. Ensuite, reprenez votre stylo et notez ce que vous allez faire différemment, dès à présent.

Je vous félicite d'avoir réalisé cet exercice difficile. Sachez que pour l'instant, vous n'êtes pas encore prêt à continuer la lecture de cet ouvrage. Nous avons besoin de renforcer votre volonté avant d'aller plus loin.

Je vous conseille de vous pencher à nouveau sur la PDM, la Pratique Délibérée du Matin. Pratiquez-la assez souvent pour voir à quel point elle rend vos journées plus productives et intéressantes. C'est peut-être tout ce dont vous avez besoin pour le moment, et il est tout à fait raisonnable de prendre le temps qu'il faut pour mieux arriver à contrôler vos activités quotidiennes. Le temps nécessaire pour y parvenir varie en fonction des individus

– et chacun devrait le prendre, sans chercher à aller plus vite que son propre rythme. Lorsque vous estimerez que vous pratiquez correctement la PDM et qu'elle sera devenue une habitude quotidienne, je vous conseille de relire les conseils pour lutter contre le découragement et de les mettre en pratique avant de continuer avec les Pratiques pour passer à un autre niveau de puissance.

Développer sa maîtrise du temps

Il y a un lien indéniable entre le fait d'être ponctuel et l'accélération de vos résultats. Être ponctuel engendre toutes sortes de conséquences positives ; notamment, cela fait de vous une personne sur laquelle on peut compter, et qui tient ses engagements.

Lorsqu'au travail une réunion est prévue pour 9h du matin, combien de personnes sont-elles là à 8h59, assises derrière le bureau et prêtes à commencer ? Celui qui arrive à 9h01 est en retard. On pourrait dire : *Oui, mais ce n'est qu'une minute.* Je répondrai que oui, c'est seulement une minute **et** que le fait ne change pas : 9h01 n'est plus l'heure convenue, et un engagement n'a pas été respecté. Les personnes en mesure de l'accepter voient clairement les choses, et peuvent apprendre à respecter leurs engagements. Ceux qui cherchent à discuter ce fait ou à le remettre en question ont un esprit qui leur joue des tours. Ces tours de l'esprit peuvent devenir un passe-temps, une manière de se rebeller ou d'exprimer son opposition contre l'autorité. Le problème, c'est qu'ils occupent de l'énergie, or elle devrait être entièrement consacrée au fait d'être efficace et de se faciliter la vie. Combien de vos réunions professionnelles commencent-elles à l'heure prévue ? Est-ce que vous discutez parfois entre collègues pour comprendre pourquoi les engagements ne sont pas respectés ? Probablement pas, ou pas suffisamment. Une des raisons principales à ce manque de communication est de ne pas savoir comment aborder le sujet sans risquer de porter préjudice aux relations personnelles.

J'ai déjà entendu :

Oui, mais [dans notre culture / dans mon entreprise / dans ma famille / pour ce cas particulier], ce n'est pas grave d'être en retard.

D'accord, il est tout à fait possible que ce ne soit pas grave. Toutefois, je vous pose cette question :

Est-ce que *vous* ne trouvez pas grave d'être une personne incapable de gérer son temps ?

Par le passé, j'ai dirigé un entraînement au leadership à l'Institut de la Technologie du Caire, où les dirigeants qui y participaient me mirent en difficulté.

Et bien, ici en Égypte, si l'autoroute est bouchée, nous prenons la route à contresens, que ce soit acceptable ou pas. Alors pourquoi devrions-nous accorder tant d'importance à la ponctualité ?

Et :

De toute façon, nos patrons ne sont jamais à l'heure.

Je répondis :

Qu'en est-il des chirurgiens égyptiens ? Un millimètre à droite ou à gauche ne fait-il pas une énorme différence pour eux ? Ou pour vous ? Qui décide de ce qui est important ? Votre culture ? Votre supérieur ? Ou est-ce vous ?

Après cette réponse, le groupe accepta de jouer le jeu et d'être à l'heure pour toute la durée du séminaire. À la fin, ils furent stimulés en voyant qu'ils avaient pris plaisir à travailler avec un groupe de personnes déterminées et disciplinées, qui pouvaient quand même être des amies. Le même scénario se répète partout dans le monde, peu importe le pays, la culture, l'entreprise ou le niveau d'éducation des participants. Énormément de clients me rapportent qu'en clarifiant cette attitude – être constamment conscient de l'heure et des délais, et être ponctuel – leur vie professionnelle s'en est trouvée incroyablement stimulée.

À un niveau personnel, être systématiquement en retard peut avoir des conséquences dévastatrices : une perte de crédibilité, un manque de confiance en soi, de respect de soi-même. Dans une organisation, lorsque tout le monde fait l'effort d'être systématiquement à l'heure, on peut remarquer une augmentation notable du courage de l'équipe, et avec elle beaucoup moins de problèmes dans les délais de livraison.

La pratique de la ponctualité

Objectifs : Prendre conscience de votre manière de gérer votre temps. Apprendre à vous libérer du stress inutile lié à votre mauvaise gestion du temps. Reprendre le contrôle de votre vie quotidienne. Devenir une personne sur laquelle les gens peuvent compter.

Résultat final : Une vie libérée du stress de dernière minute, dans laquelle vous créez du temps et réduisez l'impact des activités désorganisées autour de vous.

Instructions : La technique est simple : à partir de maintenant, votre réputation sera celle d'une personne qui :

- Arrive toujours avant l'heure prévue. *Ainsi, vous ne serez pas en retard d'une seule seconde.*
- Finit à l'heure prévue, voire même avant.
- Appelle pour prévenir lorsqu'elle ne pourra pas arriver à l'heure prévue.
- Analyse, lorsqu'elle est en retard, ce qu'elle doit changer pour faire mieux la prochaine fois.
- Présente sincèrement ses excuses sans chercher à justifier la raison de son retard.

À mesure que vous devenez un expert de la ponctualité et que vous développez votre position de leader, vous allez avoir besoin d'influencer ou de confronter ceux qui ne respectent pas votre temps et qui ne respectent pas les engagements qu'ils prennent auprès de vous. Savoir donner du *feedback* va devenir nécessaire, pour que les personnes qui vous entourent s'adaptent tout en minimisant les risques de conflits. Je vous suggère de commencer à être ponctuel **immédiatement**.

Bienvenue au Club !

Si vous doutez et que vous trouvez des raisons de ne pas vous lancer, c'est le bon moment pour faire une pause et pour prendre du recul. Ne continuez pas la suite de ce programme pour le moment. Je vous encourage plutôt à relire les chapitres précédents autant de fois que nécessaire et à pratiquer les exercices jusqu'à ce que vous soyez entièrement engagé à suivre le programme. Il n'y a absolument aucun mal à cela. Vous êtes simplement en train d'identifier votre rythme. Soyez fier de ce que vous avez déjà accompli. Être toujours ponctuel peut sembler un ajustement énorme au début, mais au bout d'un moment vous serez accro au bien-être qu'il vous procure. Nous sommes en train de construire votre confiance en vous. Vous portez préjudice à votre personne lorsque vous n'êtes pas ponctuel. Si vous n'y arrivez pas tout le temps, cela signifie simplement que vous n'êtes pas encore prêt pour ce qui suit. Faites plutôt une pause et prenez le temps de relire et de mettre en pratique ce que nous avons déjà vu ensemble, jusqu'à ce que vous soyez réellement prêt à vous investir dans ce chemin, à prendre cet engagement avec vous-même et à développer votre puissance.

Lorsque, employé dans une entreprise, je mis en place cette règle de ponctualité élémentaire, mes directeurs et mes managers apprirent rapidement à l'adopter et à l'appliquer. Cette règle simple contribua pour beaucoup à des résultats de grande qualité et une satisfaction client optimale.

Un jour, au cours d'un séminaire que je dirigeais, je demandai à un participant qui était constamment en retard malgré la règle de ponctualité que nous avions établie de quitter la formation et de revenir à un futur atelier. J'appris plus tard que cette personne, pourtant compétente d'un point de vue technique et investie dans son travail, avait fini par perdre son emploi à cause de sa réputation, celle d'être une personne qui ne respectait pas ses engagements. Pour lui, tout ce qui concernait son travail était important et urgent, et il n'arrivait pas à classer ses obligations par ordre de priorité.

Ici, le point fondamental est d'apprendre à dire non, à ne pas trop s'engager ni faire des promesses qui ne pourront être tenues, de s'occuper de ses obligations par ordre de priorité, de devenir réaliste et modeste à propos de ce qui peut vraiment être réalisé, et, en substance, d'apprendre à être un vrai professionnel. Vous aurez peut-être besoin d'apprendre à beaucoup mieux planifier et déléguer. En effet, ce travail n'est pas pour les bébés.

Sur un plan personnel, cela vous permettra surtout de développer et d'affiner votre détermination, vos capacités à planifier et à communiquer, ainsi que votre discipline personnelle. Il y a de grandes chances pour que vous en retiriez une fierté personnelle et une confiance en vous renouvelées.

Il existe plusieurs manières de régler les problèmes liés au fait de ne pas savoir gérer son temps. L'une d'entre elles, c'est de s'associer à un groupe qui vous soutient et vous permet d'avancer grâce à son *feedback*. Une autre manière est de demander régulièrement aux personnes qui vous entourent ce que vos retards constants leur font ressentir. Ont-elles l'impression que vous leur manquez de respect, d'être manipulées, ignorées ? Comprendre l'impact négatif qu'engendre votre comportement peut être l'élément déclencheur qui vous fera décider de changer vos habitudes, voire un lot de mauvaises habitudes. Vous pouvez aussi travailler avec un coach qui vous aidera à découvrir les croyances internes qui sabotent vos futurs succès.

Respecter ses accords

La prochaine étape, c'est de devenir connu comme quelqu'un qui tient sa parole. Cela implique soit de cesser de faire des promesses que vous ne pouvez pas tenir, soit de commencer à réfléchir à deux fois sur vos engagements implicites ou explicites.

Dorénavant, lorsque vous vous engagez à faire quelque chose :

- Vous faites tout ce qui doit l'être pour respecter votre contrat et pour tenir votre parole.
- Vous discutez ou renégociez les termes de l'accord avant qu'il ne soit rompu.

Observons une situation courante dans le monde du travail : quelqu'un qui est un expert indispensable, et qui est impliqué dans tous les niveaux de décision au travail, une personne qui réussit mais qui est sur le point de perdre pied. *Ça vous rappelle quelqu'un ? Est-ce que ça pourrait être vous ?*

Étude de cas

Un de mes clients, Maresh, est directeur général dans une grande société financière internationale. Maresh a une éducation et une expérience professionnelle étendues. Il est considéré comme quelqu'un de bienveillant, d'investi et de travailleur.

Dans le cadre d'un programme mondial de développement du leadership, son entreprise avait assigné un coach en leadership à tous ses cadres supérieurs. Dès le début, Maresh exprima qu'il trouvait difficile d'engager des personnes compétentes, que tout ce qui se trouvait sous sa responsabilité était urgent et/ou important et qu'il ressentait le besoin de tout contrôler pour s'assurer que les choses soient faites correctement. Malgré ses efforts, il ne parvenait pas à suivre son emploi du temps quotidien, et il était constamment distrait par de nouvelles urgences. L'entreprise connaissait une période difficile, elle était en pleine réorganisation, et il avait du mal à identifier les priorités. Il fallait s'occuper de tout.

Après les évaluations et les entretiens que nous avons passés, il est apparu que malgré son apparente réputation d'être quelqu'un d'agréable, Maresh était perçu par ses collègues comme un petit tyran, qui blessait constamment ses collaborateurs. Suite à ce diagnostic, nous avons conclu que, parce que Maresh avait sans cesse l'impression de devoir gérer des crises à droite et à gauche, il opérait dans un état de stress constant qui faisait ressortir le pire en lui. Il prenait les décisions importantes à la hâte et il interrompait constamment les gens, sans jamais prendre leurs besoins en compte. Ses collaborateurs directs l'adoraient ; ses collègues le détestaient. Au cours d'un entretien téléphonique au début de la formation, le supérieur de Maresh m'expliqua qu'il serait difficile de le promouvoir à cause de ces problèmes. Pour une personne à ce niveau professionnel, cela revient à signer son arrêt de mort.

Puis, Maresh manqua plusieurs rendez-vous téléphoniques avec moi. Chaque fois, les raisons étaient les mêmes : trop d'autres choses importantes et urgentes à faire – très convaincant. Puis, il ne donna plus de nouvelles et il cessa de répondre à mes appels et à mes e-mails pendant plus d'un mois. Ses assistants ne pouvaient pas m'aider à le joindre. Lorsque nous avons fini par reprendre contact, après quelques excuses, nous avons eu une discussion au cours de laquelle il a invoqué les mêmes raisons urgentes.

Maresh, réalisez-vous combien d'accords rompus je peux voir de mon côté ?

Je sais Hervé, et je m'excuse sincèrement. Le rythme est dingue ici, avec plusieurs gros clients et ce nouveau patron qui tient à se mêler absolument de tout. Il veut avoir un regard sur tout. Je dois assister à tellement de réunions.

Je comprends, Maresh, mais d'habitude lorsqu'un client rompt trois accords avec moi, nous cessons de travailler ensemble. Cela ne m'est jamais arrivé en dix ans. Que se passe-t-il ?

J'ai du mal à définir mes priorités. Je m'en rends compte.

Non, Maresh, ce n'est pas un problème de définir ses priorités. Le problème est de tenir sa parole.

Que voulez-vous dire ?

Et bien, je vous avais conseillé des articles du Harvard Business Review et vous aviez accepté de les lire. Certains de ces articles pourraient énormément vous aider à organiser vos priorités. L'avez-vous fait ?

Non, Hervé, je n'ai pas eu le temps.

Mais vous vous étiez engagé à les lire, sans parler des autres engagements que vous aviez pris. Pas un seul de ces accords n'a été respecté. Arrivez-vous à percevoir cette spirale négative ? Vous ne prenez pas le temps d'apprendre ce qui vous permettrait justement de créer du temps supplémentaire. Vous semblez être trop occupé, et indisponible pour la réussite. Que pouvons-nous faire, dans ce cas ?

Je suppose que je dois faire des efforts pour mieux respecter mes engagements.

Oui, mais je crains que vous ne trouviez de nombreuses raisons de ne pas le faire. Comment pouvons-nous réellement remédier à cette situation ? Vous devez me respecter, et vous devez faire attention à votre réputation. Ce comportement est-il fréquent dans votre vie professionnelle ?

Je me comporte ainsi partout. Je m'en rends compte. J'en prends bien conscience. Je peux voir pourquoi on me dit que je blesse constamment les autres. Bon, reprenons depuis le début. Je vais lire ces articles lundi.

Êtes-vous d'accord pour dire que si vous ne le faites pas, vous romprez un nouvel accord ? Et que cela constituera une preuve que je ne peux pas être votre coach ?

Je vous promets de les lire.

Quand ça ?

Il rit.

Je les aurai lus d'ici lundi midi.

Comment saurai-je que vous l'avez fait ?

Je vous enverrai un e-mail lundi midi pour vous le confirmer.

OK, et si vous ne respectez pas cet accord, vous conviendrez que nous avons trouvé une faiblesse centrale dans votre leadership, voire même la plus sérieuse ?

Oui.

J'ai hâte de lire votre e-mail lundi pour savoir ce que vous avez pensé de ces articles.

Maresh n'envoya jamais l'e-mail. Par la suite, il m'assura qu'il avait lu les articles, mais que malgré tout il n'avait pas tenu son engagement, celui de m'envoyer un message. Nous avons donc discuté pour qu'il réalise comment il avait rompu notre accord, bien qu'il ait lu les articles, et nous avons examiné à quel point son comportement était problématique au travail. Il vivait dans un monde fait d'excuses et de fausses raisons pour expliquer son manque de fiabilité professionnelle, un monde où même des petits engagements ne pouvaient pas être entièrement respectés. Je fis l'effort de conserver un regard positif inconditionnel à son égard. Au cours de nos sessions, nous avons travaillé pour lui faire remarquer les décisions qu'il prenait, comme :

C'est bon. Je vais encore faire une toute dernière petite chose, je devrais quand même arriver à temps.

Je ne vais pas interrompre cette conversation, même si elle dure depuis des heures, parce que je n'ai pas envie de vexer ces personnes.

Ce rendez-vous avec ce client est plus important que tout le reste. Je vais continuer le rendez-vous et je m'excuserai plus tard auprès de mon équipe de ne pas être venu à leur événement.

Cela vous rappelle t-il quelque chose ? Fonctionnez-vous de cette manière ? Avez-vous des collègues ou un supérieur qui se comportent ainsi ?

Maresh admit que le choix le plus important pour éviter de déraper complètement était de *décider* de se discipliner, de tenir ses engagements, de classer ses tâches par ordre de priorité, d'aider les personnes sous ses ordres à se développer, et d'apprendre à dire non. Au bout de quelques mois, il finit par décider de réussir.

Voici quelques exemples simples de manières de respecter vos engagements :

- Si vous annoncez qu'une réunion durera moins d'une heure, planifiez-la et communiquez avec les personnes qui y assistent afin de pouvoir réellement terminer à l'heure prévue ;
- Si vous dites que vous enverrez un e-mail, faites-le *avant* le moment convenu ;
- Si vous vous engagez à réaliser une tâche, faites tout ce qu'il faut pour respecter cet engagement ;
- *Je serai là* signifie *Je serai là à l'heure,* **quoi qu'il arrive.**

Si vous ne pouvez pas respecter un engagement, la chose à faire est de contacter les personnes qui seront impactées en avance pour leur expliquer la situation, pour savoir quel sera l'impact négatif pour eux et pour établir un nouvel accord, que vous êtes sûr de pouvoir respecter. Voici à quoi cette conversation pourrait ressembler :

VOUS :	Bonjour Connie, je sais que je vous avais promis de finir cette présentation PowerPoint d'ici demain matin, mais cela prend plus de temps que prévu. Je ne pense pas être en mesure de respecter mon engagement et de le rendre dans les temps. Je vous présente mes excuses.
CONNIE :	Merci de me le dire. En effet, c'est un problème, parce que j'en ai vraiment besoin demain.
VOUS :	Quand en avez-vous besoin exactement ?
CONNIE :	À quinze heures, au plus tard.
VOUS :	Et si on simplifiait les parties plus techniques, et que je vous apportais plutôt le document dans votre bureau à quatorze heures ? Nous pourrons le regarder ensemble pour nous assurer qu'il est présentable.
CONNIE :	D'accord, faisons comme cela.

La pratique de confronter un accord rompu

Objectifs : 1) Remarquer vos décisions conscientes/inconscientes de respecter/ne pas respecter vos accords ; 2) identifier les facteurs/causes récurrents qui vous empêchent d'être fiable et discipliné ; et 3) identifier toute fausse excuse ou tout comportement récurrent qui sabote votre réputation.

Résultat final : Une existence dans laquelle : 1) vous comprenez les mécanismes internes de l'échec et des dérapages ; 2) vous diagnostiquez et identifiez les sources de votre stress au travail ; et 3) vous reprenez le contrôle sur vos journées.

Instructions : Prenez votre Cahier *Ciel Bleu*. Trouvez un moment pour noter tous les accords quotidiens que vous ne respectez pas, au travail et chez vous. Faites la liste des situations de la veille, puis pensez à votre journée et identifiez tout ce que vous avez promis, ou lorsque vous avez accepté de réaliser une tâche que vous n'avez pas accomplie exactement comme vous vous y étiez engagé. Notez aussi tous les accords que vous savez déjà ne pas pouvoir honorer.

Ensuite, notez le nom des personnes, votre supérieur par exemple, qui ne respectent pas leurs engagements auprès de vous sur votre lieu de travail. Décrivez la situation aussi précisément que possible, en notant ce à quoi vous vous attendiez et ce qu'ils ont fait à la place. Notez également les excuses apparemment valides ou rationnelles qui ont été exprimées par vos collègues ou par vous-même.

Il peut être choquant de prendre conscience de ce phénomène, et de l'accepter. Établissez un plan et suivez-le pour "réparer" les accords que vous n'avez pas respectés ou que vous êtes sur le point de ne pas respecter. Mettre ce plan à exécution demande une meilleure organisation, du courage et de la détermination de votre part.

Par la suite, réfléchissez à deux fois avant de vous engager auprès de quelqu'un. Vous vous demandez peut-être : *Que faire lorsque des gens ne respectent pas leurs engagements envers moi ?* Et bien, bienvenue dans un monde où vous donnez un *feedback* solide et structuré, mon cher Jedi du Ciel Bleu ! Ce passage est là pour vous introduire à la Pratique : Donner et recevoir du *feedback*. Lisez la suite et foncez !

Communiquer efficacement

Au cours de votre apprentissage pour devenir un Jedi du Ciel Bleu, vous découvrirez sûrement que votre succès dépend grandement de votre capacité à collaborer avec les autres. Le voyage devient bien plus agréable lorsque vous vous entourez des bonnes personnes, et que vous pouvez ainsi déléguer des tâches importantes.

Il deviendra aussi important de créer des liens avec les autres fondés sur une réelle confiance mutuelle. Ceci est difficile si vous ne maîtrisez pas les seuls outils à notre disposition : l'expression et l'écoute. Ici, je vous présente deux qualités fondamentales d'un leader : la capacité à donner ou à recevoir du *feedback*, et la capacité d'écoute. Les moindres progrès que vous réaliserez vous apporteront d'énormes bénéfices interpersonnels.

Vous avez peut-être déjà reçu un entraînement sommaire pour développer ces deux capacités ; toutefois, je souhaite vous emmener dans un monde d'efficacité totalement nouveau. J'ai découvert le *feedback* efficace aux États-Unis grâce à l'équipe du Pathways Institute, dans la Mill Valley en Californie. Je leur suis éternellement redevable. Pour moi, partager cette connaissance va au-delà d'un devoir : il serait simplement cruel de ne pas le faire.

Donner et Recevoir du feedback – Développer sa responsabilité
Mon histoire personnelle

Au Odd Fellows Hall dans la Mill Valley, en Californie, un groupe de personnes se réunit pour un entraînement visant à développer la maîtrise de soi. L'institut organisateur accueillit environ 25 personnes pour ce séminaire qui dura plus de trois mois. Comme la plupart des membres de ce groupe, je ne savais pas vraiment en quoi cet atelier consisterait. Je savais simplement intuitivement que je devais être là, et je souhaitais faire la même expérience que celle que mes amis avaient vécue au cours d'un séminaire quelques temps auparavant. Ma présence avait pour objectif principal de participer au séminaire du Ranch Jacumba, et ses coachs avaient insisté pour que je suive d'abord cette formation spécifique. Apparemment, j'avais besoin de modifier mon comportement, mais je n'avais aucune idée des ajustements à faire. Je les découvris rapidement.

Pendant trois mois, ce groupe de personnes s'est constamment donné du *feedback*, positif et négatif, en se servant de la technique que je m'apprête à partager avec vous. Les coachs étaient attentifs à ce que tout conflit ou désaccord, mais aussi toute bonne action donne lieu à un *feedback* entre nous. Ce fut la première fois que j'évoluais dans un environnement riche en *feedback*, et j'observai comment il est possible d'obtenir des performances optimales en équipe. Ce fut une expérience intense et incroyable.

La formation s'appelait "Stand and Deliver". Pour le dire simplement, elle a changé ma vie pour toujours. En fait, presque tout mon travail actuel est inspiré de cette formation "Stand and Deliver". Cette nuit-là, les formateurs nous apprirent à donner un *feedback* d'une manière spécifique, avec un format très précis. Je n'imaginais pas alors qu'il s'agissait d'un des cadeaux les plus précieux que j'allais recevoir dans ma vie. Ils m'ont appris à rendre ma communication incroyablement efficace – plus encore, j'ai appris à demander du *feedback* pour mon avancement personnel.

Les meilleurs formateurs en leadership affirment que la capacité à demander et à donner du *feedback* est essentielle pour apprendre à réussir. Ils font constamment remarquer la nécessité d'agir face aux comportement improductifs et négatifs autour de nous. Plus encore, nous avons besoin de recevoir du *feedback* pour modifier notre approche, pour valider ce que nous faisons correctement et pour apprendre de nos erreurs.

Au cours des années, j'ai accompagné des centaines d'équipes talentueuses pendant plusieurs mois – parfois pendant des années – et j'ai remarqué qu'à chaque fois que l'une d'elles connaissait un échec ou ne réalisait pas son potentiel, la cause principale tenaient du fiat qu'ils étaient incapables de travailler efficacement en équipe.

Le meilleur moyen pour collaborer avec les autres est d'être conscient de vos forces et de vos faiblesses, et de vous assurer que votre équipe les connaisse aussi. L'échec d'une équipe est invariablement lié au fait que ses membres ne réalisent pas comment leurs faiblesses individuelles influencent négativement l'équipe. Ils ne savent pas comment discuter de ces comportements, bien qu'ils puissent les observer. Ils ne se connaissent pas assez et ils préfèrent éviter les conflits. Ici, le premier travail d'un coach/manager/sponsor/mentor est de faire en sorte que les membres de son équipe apprennent à mieux se connaître et qu'ils se fassent davantage confiance. Le *feedback* est un outil extrêmement utile pour y parvenir.

La section suivante présente un format précis pour donner un *feedback* efficace, format utilisé avec succès par des milliers de personnes à travers le monde. J'ai ajouté des exemples adaptés et des recommandations pour commencer à maîtriser cette technique, et pour l'intégrer dans ses activités quotidiennes.

Pourquoi si peu de gens donnent-ils du *feedback* ?

Avant tout, la plupart d'entre nous ne savons pas comment donner du *feedback* sans créer une réponse désagréable ou un conflit ouvert. Ensuite, trop souvent nous ne réalisons pas que donner du *feedback* participe à développer une confiance mutuelle et des relations professionnelles plus profondes. Malheureusement, beaucoup pensent que le *feedback* est synonyme de critique personnelle. Enfin, la plupart d'entre nous ignorons que c'est en donnant du *feedback* que l'on développe un environnement propice à la solidarité et à l'apprentissage.

Si vous êtes dans une position de leadership, votre peur de donner du *feedback* est encore plus problématique. Vous avez besoin de donner et de recevoir du *feedback* régulièrement. Évaluez vos performances dans ce domaine. Demandez-vous : si vous étiez un joueur de tennis cherchant à améliorer votre niveau, serait-il logique que votre entraîneur ne vous adresse jamais aucune observation sur la qualité de votre jeu ? Serait-il acceptable que l'entraîneur vous fasse simplement remarquer que vous avez commis une erreur, sans vous donner des informations spécifiques pour ne pas la reproduire ? Trouveriez-vous logique que l'entraîneur se réunisse avec vous seulement une fois par an pour mentionner tout ce que vous devez améliorer, comme lors des évaluations de performances annuelles, au lieu d'en discuter dès que les problèmes apparaissent, pour ainsi non seulement apprendre de ses erreurs mais aussi les corriger ?

En tant que manager ou chef d'équipe, savoir parler des problèmes avec les employés n'est pas seulement crucial ; pour le dire simplement, c'est votre responsabilité de donner des *feedbacks* clairs et précis. Si vous êtes dans une position de leader, vos employés et vos collègues s'attendent à apprendre quels sont leurs attitudes qui produisent de bons résultats. Un *feedback* construit les aide à identifier leurs comportements pour les ajuster, les améliorer ou les abandonner. Lorsqu'il s'agit d'un *feedback* positif, il les aide à répéter consciemment les comportements couronnés de succès. Ainsi, ils adaptent leurs actions pour obtenir les résultats que vous souhaitez et que vous attendez. Vous les aidez à réussir, et par extension vous vous y aidez aussi.

Avec le temps, la plupart des employés développent du respect et de la loyauté à l'égard des managers qui leur donnent régulièrement un retour sur leurs performances. Ils savent toujours où ils en sont, et cela contribue à développer une meilleure collaboration.

Vos fournisseurs et vos prestataires aussi ont besoin d'entendre votre avis. En discutant des problèmes dès qu'ils se présentent, votre habitude de donner du *feedback* vous permettra d'éviter ces situations extrêmes, lorsqu'il est trop tard pour communiquer efficacement. Exprimez régulièrement votre *feedback*, sinon vous serez confronté à des trous de performance récurrents.

Pourquoi donner du *feedback* régulièrement ?

Voici plusieurs raisons de donner régulièrement votre *feedback* aux personnes qui vous entourent :

- De nombreuses personnes perçoivent le *feedback* seulement comme un jugement négatif ou une critique. En fait, cela peut être exactement l'inverse. En se servant d'un format clair pour donner du *feedback*, il est possible d'identifier précisément ce qu'il faut faire pour s'améliorer.

- Le *feedback* peut être un outil d'apprentissage. En encourageant les autres à se comporter d'une certaine manière, déléguer des tâches devient plus facile et plus naturel. L'équipe accomplit alors davantage alors que vous en faites moins vous-même.

- Il vous permet de réguler la dynamique d'une équipe. Le *feedback* informe, renforce les comportements et aide à les ajuster pour une cohésion d'équipe maximale. En vous retenant de partager votre *feedback*, vous négligez la valeur de votre opinion.

- Les personnes qui vous entourent vont commencer à vous imiter et échanger des observations utiles, de manière constructive.

- Dans un travail en équipe, plus vous communiquez, plus vous êtes efficace et plus vous prenez du plaisir. Donner du *feedback* vous permet de communiquer d'une manière précise.

- Et enfin, le *feedback* est un acte de don total. Vous le donnez parce que vous souhaitez la réussite pour vous et pour ceux qui vous entourent.

Comment donner du *feedback* ?

Voici un format qui donne toujours d'excellents résultats. Utilisez-le jusqu'à ce que vous constatiez son efficacité. Vous trouverez des exemples précis plus loin.

Étape 1 : Demander la permission

Étape 2 : Donner des faits, sans jugement

Étape 3 : Décrire l'impact (positif ou négatif) du comportement

Étape 4 : Demander ou induire, en mettant en avant les avantages

Étape 5 : S'assurer de la compréhension, et coopérer pour créer une solution

Étape 6 : Se remercier

Étape 1 : **Demander la permission** – Cette étape permet de poser les bases de l'échange. La personne à qui vous souhaitez parler n'est peut-être pas prête à vous entendre à ce moment précis. C'est une manière de vérifier si le moment est opportun pour donner votre *feedback*. Si ce n'est pas le cas, demandez à quel moment vous pourrez avoir cette conversation. Lorsque la personne sera disponible, elle sera au moins prête à l'entendre.

Étape 2 : **Donner des faits précis** – Énoncez des faits qui ne peuvent être réfutés, comme :

- L'heure convenue est dépassée de plus de vingt minutes.
- Ce rapport ne contient pas les projections de ventes comme je l'ai demandé.
- Tu as employé le terme "idiot" en parlant de moi.
- *Je t'ai vu discuter dans le couloir avec Sylvia pendant près de deux heures.*

Ce n'est pas le moment d'exprimer un jugement ; restez-en aux faits. Dans le cas d'un *feedback* positif, donnez également des faits précis, sans jugement. Par exemple :

- *Ta présentation a mis en valeur deux stratégies-clés dont nous allons nous servir dorénavant.*
- *J'ai remarqué que tu travailles 30% plus tard que les autres.*

Étape 3 : Décrivez l'impact du comportement sur vous et les autres – De cette manière, votre interlocuteur prend conscience des conséquences créées par son comportement. Exprimez ce que vous ressentez, comment vous voyez la situation ou les problèmes causés. Au cours de cette étape, vous parlez de vous, de votre équipe ou de votre entreprise, mais pas de la personne à qui vous vous adressez. Permettez-vous d'être totalement sincère et d'exprimer ce que vous ressentez.

Il peut être très difficile pour la personne d'entendre ce que vous avez à dire. Elle n'avait peut-être aucune idée de la situation. Au cours de cette étape, il a été prouvé qu'utiliser des phrases avec "Je" pour sujet est très efficace. Évitez les phrases commençant par "Tu", "Nous", ou "Ils". Les phrases commençant par "Tu" peuvent souvent être perçues comme des attaques directes et risquent de provoquer une réaction défensive de la part de votre interlocuteur, ce qui interromprait le *feedback*. Et utiliser des phrases avec "Nous" pour sujet risque de diminuer (de diluer) le poids de votre discours.

Pour le moment, cette démarche ne vous semble peut-être pas encore très naturelle. Entraînez-vous simplement à donner du *feedback,* et observez les résultats.

La plupart des gens n'ont pas l'habitude de voir ou reconnaître l'impact qu'ont leurs actions ; ils n'ont pas conscience de l'image qu'ils dégagent, ni de leur effet. Le *feedback* se résume principalement à leur montrer le résultat de leurs actions. C'est peut-être la première fois que cela leur arrive. Il s'agit d'un saut dans la conscience.

Étape 4 : **Demander ou suggérer un changement de comportement pour obtenir de meilleurs résultats. (ou à ce qu'il soit maintenu, dans le cas d'un *feedback* positif)** – Proposez simplement et directement un meilleur comportement. S'il s'agit d'un *feedback* positif, conseillez de reproduire ce comportement. De très nombreuses personnes ont des difficultés à demander des choses. C'est pourquoi cette étape requiert du courage et de la détermination. C'est une occasion où votre engagement pour le succès va se révéler utile. De plus, présenter les avantages qui découleront du changement permet de créer une perspective positive pour votre interlocuteur.

Étape 5 : **Clarifier la situation et trouver ensemble un meilleur comportement ou une solution** – Ici, vous vous assurez que celui qui reçoit le *feedback* a compris la situation. Cette étape invite à un dialogue ouvert dans l'optique de créer une meilleure collaboration future. Vous pouvez discuter de la situation en détail et déterminer si l'interaction vous a profité à tous les deux. Et si ce n'est pas le cas, au moins vous avez courageusement essayé.

Étape 6 : **Se remercier** – Si le *feedback* a été donné de manière constructive, l'interaction se révèle souvent utile pour les deux personnes. Celle qui l'a reçu a eu le courage de l'entendre et de le comprendre. Celle qui l'a donné a eu le courage de s'exprimer, d'organiser sa communication et de donner son avis. Ces efforts doivent être reconnus, et chacun doit en être remercié. Bon travail !

Quand donner du *feedback* ?

Donnez du *feedback* dès que vous voyez une opportunité de le faire de manière utile, ou lorsque votre intuition vous suggère qu'il y a un problème. N'attendez pas forcément d'être sûr de votre analyse ni d'avoir trouvé les mots appropriés, ou d'avoir préparé votre discours. Donnez le sincèrement dès que possible. Il existe de nombreuses manières de le faire. Le plus important est de garder à l'esprit que vous souhaitez améliorer les comportements pour construire une meilleure relation professionnelle. En donnant régulièrement du *feedback*, positif et négatif, vous apprenez à diriger les gens grâce à une communication sincère.

Et si c'est arrivé il y a longtemps ? Et bien, vous devriez tout de même donner votre *feedback*. Au moins, vous n'y penserez plus et vous serez sûr d'avoir été entendu.

Avec le temps, vous développerez votre manière de faire et vous trouverez vos propres mots.

Exemple :

Étape 1 : *Jean, as-tu une minute ? J'aimerais te donner mon avis sur ce qui s'est passé au cours de la réunion d'hier.*

[Jean déclare qu'il est disponible pour entendre ce que Marie a à dire.]

Étape 2 : *Pendant la réunion avec ce client important, je t'ai vu te lever au milieu de notre conversation pour aller fumer une cigarette. Tu ne nous as pas demandé la permission, tu ne nous as même pas dit ce que tu faisais, et tu as disparu pendant plus de 20 minutes.*

Étape 3 : *J'ai peur que notre client ne l'ait remarqué et qu'il l'ait mal pris. J'étais stupéfaite de te voir sortir sans prévenir. Je suis vraiment en colère. Selon moi, il s'agit d'un comportement inacceptable. Je ne suis pas sûre que nous puissions travailler efficacement ensemble si cela se reproduit.*

(Remarquez que nous utilisons des phrases commençant par "Je", au lieu de prendre "Tu" pour sujet. Par exemple, *Je suis vraiment en colère* est bien plus efficace que *Tu me mets vraiment en colère*.)

Étape 4 : *J'ai l'impression que je devrais en référer à la direction, mais je préfère te suggérer de faire plus attention par la suite. En fait, je te demande de prendre conscience de l'importance de ce problème, et d'éviter que la situation ne se reproduise. Cela m'aiderait à avoir l'impression que l'on se soutient professionnellement.*

Étape 5 : *Comprends-tu ce que je dis ? Souhaites-tu ajouter quelque chose sur le sujet ? Quelle est ta vision de la situation ? Est-ce que je passe à côté de quelque chose ?*

Étape 6 : Jean répond : *Marie, merci de m'en parler. Je ne me rendais pas compte que c'était un tel problème. Je ferai plus attention à l'avenir.* Marie répond : *Merci de m'avoir écouté, et de reconnaître ton attitude.*

Cet exemple simple est là pour vous aider à comprendre le format nécessaire à adopter pour donner du *feedback*. En le pratiquant régulièrement, vous trouverez votre style et vos propres mots pour être à l'aise et il sera encore plus efficace. N'hésitez pas. Commencez maintenant !

Astuces pour un *feedback* réussi :

- Demandez à recevoir du *feedback* de la part de ceux qui vous entourent avant de donner le vôtre.

- Donnez votre *feedback* face à face, et si possible en entretien individuel pour une efficacité maximale. Évitez à tout prix de le donner par e-mail.
- Ne vous en servez pas pour attaquer les autres, mais pour construire de meilleures relations professionnelles.
- Concentrez-vous sur les comportements qui peuvent être améliorés, et non sur des choses sur lesquelles la personne n'a aucun contrôle.
- Assurez-vous que votre *feedback* parle d'un comportement que vous avez observé directement.
- Demandez-vous qui est censé aider qui. S'il n'est utile qu'à vous, je vous conseille d'attendre un peu et de réfléchir à ce que vous souhaitez dire, et s'il est vraiment utile de le faire.
- Assurez-vous que votre interlocuteur comprenne réellement le problème. Fournissez autant de faits précis et irréfutables que nécessaire pour décrire la situation.
- Essayez d'employer uniquement des phrases avec "Je" comme sujet :
    o Évitez de dire : *Tu me manques de respect*. Dites plutôt : *Je ne me sens pas respecté*.
    o Évitez de dire : *Tu es fainéant*. Dites plutôt : *Je vois cela comme de la fainéantise*.
    o Évitez de dire : *Tu me mets en colère*. Dites plutôt : *Ce comportement me met en colère*.

Dans le cas d'un *feedback* positif, vous pouvez dire :

o Je suis ravi de ces résultats.

o Je suis content de la manière dont tu as géré la situation.

o *Je sens que je peux compter sur toi dans le futur.*

Voici la seule exception à la règle de ne pas prendre "Tu" pour sujet: lorsque vous souhaitez exprimer votre perception de l'attitude de la personne sans attaquer ni personnalité ni un trait de caractère.

Dans ces occasions, vous pourriez dire :

- o   Tu ne me parais pas volontaire pour travailler là-dessus.
- o   *Tu me parais arrogant et intimidant.*

Vous pouvez également demander à la personne d'écouter votre *feedback* sans chercher à le discuter. Vous pouvez vous arrêter après l'étape 4, ou même à la fin de l'étape 3. Parfois, le *feedback* sera si juste que votre interlocuteur aura besoin d'un peu de temps pour y réfléchir. Dans ces cas-là, il vaut mieux que la personne le reçoive et prenne le temps d'y réfléchir, puis de finir la discussion plus tard.

Le *feedback* est un don

Le *feedback* n'est pas là pour flatter, pour faire plaisir ou pour être poli. Il est lié à l'efficacité, il sert à ne pas perdre de vue les vrais objectifs, à ne pas gâcher de temps ni de ressources, et à éviter de refaire les mêmes erreurs. Donnez le en étant totalement honnête et en respectant votre interlocuteur. C'est le moment opportun de prouver votre engagement à travailler harmonieusement ensemble.

Certains percevront votre discours comme une critique injuste ; d'autres trouveront peut-être que vous utilisez des mots durs, et d'autres encore pourront nier les faits. Pourtant, travailler à développer constamment votre équipe grâce au *feedback* fait partie intégrante de votre rôle de leader. Toutefois, si des personnes sont réticentes à le recevoir, vous pouvez tout simplement choisir de ne pas le donner. Au final, ce sera tant pis pour eux.

Apprenez à demander et à recevoir du *feedback*, le vôtre n'en sera que plus efficace. Ayez pour principe de toujours en demander davantage que ce que vous en donnez. Avec le temps, vous parviendrez à décrypter les *feedbacks* imprécis ou indirects, et ils vous seront utiles pour ajuster votre style de leader. Très peu de personnes sont entraînées à pratiquer le *feedback*, et beaucoup risquent de ne pas être à l'aise pour le donner, même si vous en faites la demande. Il vous faudra rechercher le *feedback*, déchiffrer des signaux imprécis et poser encore plus de questions pour atteindre la vérité.

Lorsque vous recevez du *feedback*, remerciez sincèrement la personne pour son honnêteté, peu importe si ce qui a été dit vous plaît ou vous déplaît. Ne cherchez pas à expliquer ni à justifier votre comportement, et ne contredisez pas votre interlocuteur. Acceptez simplement le *feedback*, et réfléchissez-y. Il vaut mieux dire quelque chose comme : Merci pour ce feedback. *Je penserai à ce que tu as dit.*

Lorsque vous êtes le receveur, retenez-vous de donner votre avis sur le *feedback* que vous avez reçu. Prenez d'abord le temps de réfléchir à ce que vous avez appris sur vous-même. Prenez le temps d'envisager la véracité de ces propos, sans chercher à défendre votre comportement.

Les limitations du *feedback*

Donner du *feedback* aide à améliorer les comportements et à résoudre les conflits. En cela, il s'agit d'un outil très utile. Toutefois, il ne permet pas de résoudre les motivations profondes qui sous-tendent les comportements. Pour cela, il serait nécessaire d'utiliser des cadres plus formels pour analyser la personnalité, la dynamique de l'équipe, la cohésion de groupe, ou la résolution des problèmes liés au projet. En tant que manager ou dirigeant, devenir un expert en *feedback* implique aussi que vous développiez votre écoute active et votre analyse des problèmes. Visitez les sites Internet listés à la fin de cet ouvrage pour obtenir plus d'informations sur les manières de développer ces qualités.

Enfin, tout le monde n'accepte pas de recevoir du *feedback*. Cela doit être respecté. Donner du *feedback* se développe avec la pratique. Faites-le régulièrement, et vous finirez par trouver vos propres mots. Voici une des critiques les plus courantes de la part des meilleurs employés d'une organisation : « *Personne ne me donne jamais un* feedback *solide, concret et utile. On me dit simplement que tout va bien.* » Vous ne voulez pas être ce genre d'entraîneur de tennis.

La pratique de demander du *feedback*

Objectif : Développer votre capacité à recevoir du *feedback*, découvrir vos comportements improductifs et valider les attitudes utiles.

Résultat final : Vous avez une vision plus claire, une plus grande motivation et vous recevez des informations précises sur vos comportements à reproduire ou à éviter.

Instructions : Choisissez dix personnes que vous respectez et en qui vous avez confiance. Demandez à chacune d'entre elles de répondre aux trois questions ci-dessous par écrit, afin que vous puissiez vous y reporter par la suite. Ensuite, rencontrez-les individuellement si vous avez besoin de précisions. *Mais en aucun cas pour vous justifier, pour expliquer la situation ou pour les contredire*. Seulement pour comprendre clairement et avec un esprit ouvert ce qui s'est passé, ce que vous avez fait, dit, et l'impact qui a été créé. Écoutez attentivement et prenez des notes. À la fin, remerciez la personne. Il s'agit d'un acte courageux, et c'est une pratique clé pour avancer plus vite vers la réussite.

1. Selon vous, quels comportements dois-je continuer à adopter, et quelles actions dois-je continuer à faire ?
2. Selon vous, quels comportements dois-je commencer à adopter, et quelles actions dois-je commencer à faire ?
3. *Selon vous, quels comportements dois-je cesser d'adopter, et quelles actions dois-je cesser de faire ?*

Les gens seront peut-être mal à l'aise pour vous donner leur *feedback*, parce qu'ils n'en ont pas l'habitude. Ils craindront peut-être des conséquences négatives en vous donnant leur avis sincère. Il est crucial que vous développiez de bonnes relations professionnelles avec ces personnes, afin qu'elles soient heureuses de cette opportunité de vous donner leur *feedback*. Pour le moment, précisez-leur que vous posez ces questions à plusieurs personnes, et demandez-leur s'ils préféreraient y répondre de manière anonyme et sans en discuter de vive voix.

Je vous conseille fortement de vous concentrer sur l'analyse du *feedback*, et non de chercher à réagir (à vous défendre) immédiatement auprès de ces personnes. D'après mon expérience, ceux que nous sollicitons demandent souvent un *feedback* sur eux en retour.

Lorsque vous avez obtenu la réponse à ces trois questions de la part des dix personnes, comparez-les pour découvrir les remarques récurrentes. La réponse à la première question vous montre vos points forts qui sont appréciés – ce sont les comportements que vous devez continuer à adopter. Les comportements qu'on vous suggère de commencer à adopter sont de nouvelles opportunités pour vous. Les comportements que vous devez abandonner sont les zones problématiques – ils créent un impact que vous ne souhaitez pas, et vous n'avez aucun avantage à les garder.

Êtes-vous heureux de savoir ceci sur vous à présent ? Gardez cette liste de comportements à un endroit où vous pourrez la consulter régulièrement. Commencez par être plus attentif à deux comportements dans chaque catégorie.

Maîtriser l'Écoute

Lorsque l'écoute vraie est présente, on assiste à un échange de douleurs, de déceptions, et à des sentiments mitigés ; c'est le flux de l'expérience. Un peu de chaque personne reste présent pour toujours.

– Carl A. Faber

S'il vous plaît, prenez un moment pour vous poser les questions suivantes :

Êtes-vous une personne à l'écoute ?

Préférez-vous découvrir les opinions des gens, ou partager les vôtres ?

Donnez-vous votre version des faits ou écoutez-vous celle des autres ?

Interrompez-vous souvent les personnes qui sont en train de parler ?

Dans une conversation ordinaire, parlez-vous moins de 25% du temps, 50%, 75% ou davantage ?

Dit-on plutôt de vous que vous êtes bavard ou à l'écoute ?

Êtes-vous attentif à la qualité de vos échanges ?

Avez-vous la sensation que l'on se sent entendu lorsqu'on parle avec vous ?

Que préférez-vous dans l'action d'écouter ?

Quels seraient les avantages à être considéré comme une personne à l'écoute ?

Être entendu fait partie des besoins psychologiques fondamentaux des humains : être vu, se sentir compris et être reconnu. Enfant, savoir que notre mère ou notre père nous a entendu s'apparente à une connexion divine – il n'y a rien de mieux. Et pour les amis, les clients, les supérieurs, les collègues ou les employés, le sentiment est le même, bien qu'il puisse être beaucoup plus difficile de le percevoir.

Les questions ci-dessus vous aideront à évaluer votre capacité à l'écoute. Ayez conscience que posséder une excellente écoute est une des clés pour devenir un dirigeant efficace et pour créer le vaste réseau de soutien dont vous aurez constamment besoin pour réussir. La pratique suivante vous aidera à découvrir plusieurs niveaux et plusieurs modalités d'écoute.

La pratique de l'écoute profonde

Objectifs : Développer votre capacité d'écoute sur plusieurs niveaux de conscience. Développer de nouvelles manières de participer aux conversations. Créer une connexion plus profonde avec les personnes qui vous entourent.

Résultat final : Vous atteignez un niveau de connexion plus profond avec les autres. Vous possédez une meilleure compréhension de ce qui se passe et de ce qu'il faut faire, et vous savez mieux demander des renseignements. Vous développez votre capacité à influencer les autres.

Instructions : Commencez par écouter différemment au cours de vos quatre prochaines discussions en face à face :

Niveau 1 – Écouter à un niveau factuel : Au cours de la première conversation, concentrez-vous pour écouter les faits, sans interprétation ni jugement. Cherchez les éléments concrets, les actions observables, les chiffres et les circonstances réelles. « Votre collègue vous a envoyé un compte-rendu par e-mail lundi » est un fait concret. « Le ciel sera couvert demain » n'est pas un fait – ce n'est qu'une prédiction, une supposition.

Niveau 2 – Écouter à un niveau empathique : Au cours de la seconde conversation, soyez attentif aux émotions, et remarquez le langage corporel de votre interlocuteur. Demandez-vous comment se sent la personne que vous écoutez. Remarquez ses changements d'humeur. Si la personne vous dit qu'elle est frustrée, essayez de savoir à quel point elle ressent de la frustration. Par exemple, vous pouvez lui demander : « *Sur une échelle de 0 à 100, 100 représentant une frustration totale, comment te sens-tu ?* » Soyez également attentif à ce que vous ressentez au cours de la conversation.

Niveau 3 – Écouter à un niveau transactionnel : Au cours de la troisième conversation, écoutez pour savoir ce que votre interlocuteur attend de vous. S'il souhaite que vous fassiez quelque chose, s'agit-il d'une demande claire ou d'une demande implicite ? Très souvent, les gens souhaitent simplement discuter de la situation sans attendre une action de votre part. Donc, évitez de donner des conseils si l'on ne vous en a pas fait la demande expresse. Ici, votre rôle est d'essayer de découvrir pourquoi la personne discute avec vous. Elle n'a peut-être pas conscience de ses attentes. Voici ce que vous pourriez dire : « *Je comprends ce que tu dis. Souhaites-tu que je fasse quelque chose ? Peux-tu me dire ce que c'est ?* »

Niveau 4 – Écouter à un niveau symbolique : Au cours de la quatrième conversation, en écoutant, essayez de percevoir le scénario sous-jacent – essayez de visualiser le futur. Servez-vous de votre intuition pour anticiper, pour anticiper, pour prédire ce qui va découler de la conversation, ou l'histoire qui la sous-tend. Par exemple, peut-être êtes vous en train d'écouter quelqu'un qui s'apprête à quitter son emploi. Pourriez-vous le déduire d'après la conversation, et anticiper l'avenir sans que la personne n'en parle ? La situation à laquelle vous assistez vous est-elle familière ? Avez-vous déjà vu ou vécu cette situation, et votre intuition peut-elle vous aider à deviner ce qui va se passer ?

En général, les écoutes décrites dans les niveaux 3 et 4 semblent plus difficiles, alors que vous le faites en réalité constamment. Ici, la seule différence est que vous écoutez avec attention, et selon une méthode précise. Grâce à une meilleure qualité de votre écoute, vous découvrirez peut-être que vous obtenez beaucoup plus d'informations que d'habitude et qu'ainsi vos actions et décisions sont plus adaptées et efficaces. Vous réaliserez peut-être qu'en pratiquant ces quatre niveaux d'écoute et en améliorant vos capacités, vous changez la qualité de vos relations pour toujours.

Pratiques d'écoute avancées

Ces éléments développeront vos talents de coaching avec le temps :

- Demandez-vous si vous avez formulé une opinion sur cette personne, ou si vous êtes resté neutre. Aviez-vous une opinion préconçue sur cette personne avant la conversation ? Est-ce que cette opinion a teinté ce que vous avez entendu, ou ce que vous aviez envie d'entendre ? Ou bien avez-vous été capable de la mettre de côté pour aborder la situation avec un regard neuf ?

- Au cours des conversations, demandez-vous si vous êtes réellement intéressé. Êtes-vous curieux, ou simplement poli ? Faites-vous semblant d'écouter en espérant écourter la conversation ? Ou êtes-vous prêt à continuer la conversation autant de temps que nécessaire ?

- Remarquez combien de temps vous passez à écouter, et combien de temps vous passez à parler. Ces moments sont-ils équilibrés ? Avez-vous fait l'un beaucoup plus que l'autre ?

Était-ce efficace ? Y-a-t-il eu beaucoup d'interruptions au cours de cette conversation ? Venaient-elles de vous ou de votre interlocuteur ? Pourquoi ?

- Demandez à votre interlocuteur s'il se sent entendu, et s'il estime que vous lui avez laissé l'opportunité d'exprimer ce qu'il voulait dire.
- Avez-vous posé des questions pour clarifier ou pour découvrir le point central de la conversation ? Ou avez-vous rapidement tiré vos conclusions ?
- Avez-vous essayé de clarifier les propos de votre interlocuteur, en lui répétant ce que vous entendiez ?
- Vous êtes-vous assuré de vous être mutuellement compris ? Ou avez-vous simplement mis fin à la conversation comme d'habitude ?
- En apprenant à poser des questions, à décoder et à déduire, vous aurez besoin de concentrer votre recherche pour atteindre une compréhension plus profonde dans plusieurs domaines :
- Comment la personne se sent dans son corps.
- Comment la personne perçoit la situation ou le problème qu'elle décrit.
- Quelles relations entretient la personne avec ceux impliqués dans la situation.
- Comment les autres et vous-même percevez la situation.
- Quel type de relation vous entretenez avec la personne que vous écoutez. Vous perçoit-elle comme un ami à qui elle peut tout dire, comme un conseiller, une figure parentale, une personne qui peut lui apporter son aide, un mentor, un coach, ou un consultant ?

Tenir sa parole et agir

En tant que Jedi du Ciel Bleu, votre capacité à atteindre les résultats que vous avez prévus va stimuler votre envie d'avancer et d'intégrer ces pratiques pour qu'elles fassent totalement partie de vous. Vous tiendrez vos promesses, et vous serez connu comme une personne qui respecte toujours ses engagements.

Cinq étapes pour créer des résultats dans sa vie

Comme la plupart des gens, vous méritez de réussir, mais vous ne possédez peut-être pas un système simple et efficace sur lequel vous appuyer pour atteindre le succès. Vous avez besoin d'un plan, de méthodes à utiliser au quotidien, et d'un système de soutien pour rester motivé et plein d'énergie.

En gardant ceci à l'esprit, étudions cinq étapes puissantes pour créer rapidement des résultats dans votre vie. Cet outil musclé utilise des méthodes précises et éprouvées qui seront là pour vous soutenir au quotidien. Elles risquent de perturber un peu vos habitudes au début, mais à long terme elles vous éviteront de dévier de vos objectifs, et vous commencerez à savoir avec confiance que vous avancez dans la bonne direction.

Et vous en êtes capable, n'est-ce pas ?

1 - Soyez toujours honnête avec vous-même

Il est important de remarquer les excuses que vous trouvez pour justifier votre absence de progrès. Le problème n'est pas que vous trouviez des excuses – c'est que vous vous persuadiez qu'il est normal de le faire.

Il est inacceptable d'abandonner vos rêves.

Vous devez essayer, persévérer et apprendre de vos erreurs ; vous méritez la réussite, sous toutes ses formes. En étant honnête avec vous-même, vous ne vous contentez pas de désirer la réussite, vous travaillez pour atteindre cet objectif. Comme toute capacité, elle demande un apprentissage et de la pratique.

Ici, il n'est pas utile de vous juger ni de vous critiquer. Vous avez simplement besoin __*d'être toujours sincère avec vous-même*__. Voici quelques exemples de déclarations sincères :

- J'en rêve, mais je n'ai pas vraiment la volonté de le réaliser.
- Je sais que je pourrais mieux faire, mais je ne sais pas comment.
- Je me sens trop vieux/débordé/[une autre raison], et je me sers de cette excuse pour justifier mon absence de progrès.

Faites l'effort d'être authentique avec vous-même. Cela vous donnera de la force et du courage.

Dans quels domaines de votre vie avez-vous besoin d'être honnête ? Dites-vous la vérité, et écrivez ce que vous découvrez dans votre cahier *Ciel Bleu*.

2 - *Créez et notez votre plan personnel*

Je vais gagner X euros/Y dollars cette année n'est pas un plan ; c'est un objectif. Et ce n'est __*pas*__ suffisant. Vous devez noter ce que vous allez faire, mois après mois, semaine après semaine, et établir un plan d'action pour ne pas dévier de votre objectif. Vous devez pouvoir déterminer avec certitude lorsque vous vous en éloignez, afin de réagir. Si vous ne remplissez pas vos objectifs hebdomadaires, vous ne réaliserez pas votre plan mensuel. C'est pourquoi il est essentiel d'être honnête avec vous-même.

Voilà comment toute entreprise peut être couronnée de succès : en établissant des objectifs réalistes mais stimulants et en notant vos progrès jour après jour, semaine après semaine. Lorsque vous vous éloignez de votre objectif, rectifiez votre course immédiatement. Servez-vous de la méthode avancée du *reverse-engineering* pour visualiser d'abord votre succès final, et pour planifier les étapes qui permettront de l'atteindre.

3 - Établissez quotidiennement une liste <u>*proactive*</u> de choses à faire

Je conseille fortement à mes clients de visualiser une journée réussie et d'établir une liste de tâches quotidiennes. Ce devrait être le premier geste à faire impérativement chaque matin, sauf les jours de repos. Les tâches doivent être concises, précises, classées par ordre de priorité et réalistes. *Appeler cinq clients potentiels avant midi, ranger les dossiers et ne pas y passer plus de deux heures* sont deux très bons exemples.

<u>**Restez concentré sur une seule tâche jusqu'à ce qu'elle soit accomplie**</u>. Observez quand et comment vous vous laissez distraire : les personnes qui vous interrompent, la télé, les grignotages, la fatigue ou le ras-le-bol, etc. Remarquez aussi comment et à quel moment vous reprenez la tâche interrompue. Écrivez ce qui vient : vos idées, vos observations, votre intuition, ou des actions à faire plus tard.

Établissez une liste de tâches courte pour que vous puissiez la réaliser, et ainsi faire quotidiennement l'expérience de la réussite. Faites tout ce qu'il faut pour terminer votre liste. Pas d'excuses. C'est ainsi que vous renforcez votre engagement. <u>**Vous tenez votre parole**</u>. À mesure que vous développez vos capacités et votre discipline, mettez-vous au défi en ajoutant d'autres actions à votre liste. Vous aurez de plus en plus confiance en vous, car vous saurez que vous faites toujours ce que vous vous êtes engagé à faire.

Pour une approche avancée de cette pratique, visualisez votre journée et identifiez ce qui en fera une journée réussie : c'est ce que vous faites lorsque vous pratiquez la PDM, la Pratique Délibérée du Matin. C'est ce qui rend votre approche délibérée et proactive. Ainsi, vous prévoyez à l'avance pour obtenir le résultat souhaité. Vous anticipez les interruptions et les distractions créées par les personnes qui vous entourent, vos collègues, votre supérieur et vous-même. À la fin de la journée, il est très utile de débriefer ce qui s'est passé et d'identifier les réussites et les échecs.

4 - Développez un système d'auto-évaluation

Vous avez besoin de savoir où vous en êtes objectivement, depuis un point de vue indépendant, qui ne soit pas le vôtre. L'évaluation vous fournit un point de vue impartial, juste et indiscutable. C'est un outil pour y voir plus clair et pour vous aider à ne pas vous égarer parmi toutes les raisons possibles de ne pas progresser.

Voici des exemples de façons de savoir où vous en êtes :

- Trouvez des moyens clairs pour évaluer vos objectifs. Par exemple, si votre objectif est de prendre davantage soin de votre santé, *Aller marcher trois fois cette semaine* est une action mesurable.
- Utilisez les chiffres comme des guides ; ils ne mentent pas. Avez-vous passé ces cinq appels téléphoniques ou non ? Si vous avez passé moins de cinq appels, vous n'avez pas rempli votre objectif.
- Demandez un *feedback* sincère aux amis ou aux collègues en qui vous avez confiance. Remarquez les éléments qu'on vous répète régulièrement.

Lorsque vous ne remplissez pas un objectif, il est inutile de vous faire des reproches. Voyez-le plutôt comme une opportunité d'apprendre de ce qui s'est passé, afin de ne pas reproduire les mêmes erreurs par la suite. C'est ainsi que vous renforcez votre courage et votre ténacité.

5 - Restez concentré et enthousiaste

Plus vos objectifs sont ambitieux, plus vous risquez d'en être dévié à cause de critiques, de problèmes ou d'imprévus. Il est crucial de vous entourer de pratiques et de personnes qui vous enrichissent et vous protègent. Répondez à ces questions :

- Quelles personnes autour de vous peuvent vous aider à rester positif et motivé ?
- Quelles pratiques régulières enrichiront votre corps et votre esprit ?
- Comment vous récompenserez-vous ? Ici, lâchez-vous – vous méritez de vous faire vraiment plaisir pour récompenser vos efforts.

Pratiques supplémentaires :

- Aidez quelqu'un sans rien recevoir en échange. La vie vous récompensera immensément.
- Méditez, priez, et/ou passez du temps seul tous les jours.
- Assistez régulièrement à des séminaires de développement personnel, et continuez à apprendre à vous connaître.

Quels que soient vos objectifs, les techniques sont les mêmes, et elles sont très puissantes. Engager un coach dévoué est une étape cruciale, et la plupart des personnes qui réussissent décident de le faire. Ainsi, ils reçoivent le soutien efficace et fiable dont ils ont besoin. Prenez cette décision, visez les étoiles, et créez un monde meilleur !

Étude de cas

Bien des années avant de développer le Cycle de la Sueur et de l'Esprit, plus d'une trentaine des membres d'une organisation non-gouvernementale se réunirent à Paris pour échanger des conseils afin de trouver des postes à un niveau élevé. La plupart étaient d'anciens cadres supérieurs et des dirigeants en pleine transition professionnelle, et la plupart d'entre eux rencontraient des difficultés pour retrouver un emploi. Je fus invité comme animateur et conférencier, pour leur présenter des perspectives différentes sur leur recherche d'emploi et pour renforcer leur moral. (C'était peut-être l'une des premières fois que je parlais publiquement de la couleur du ciel.) J'ai posé au groupe ma question aujourd'hui célèbre :

Quelle est la couleur du ciel aujourd'hui ?

Puis, je leur ai montré la nécessité d'organiser leur recherche d'emploi de manière proactive. Je n'avais pas encore précisément établi la Courbe Verte ; toutefois, les concepts étaient les mêmes. Je décidai de les mettre réellement au défi :

Et bien, mesdames et messieurs, tout cela ne sera qu'un rêve à moins que vous ne décidiez de vous engager totalement dans l'action. Combien d'entre vous feront quelque chose – n'importe quoi – de différent demain, maintenant que j'ai présenté cette méthodologie ?

L'hésitation de la foule était palpable. Quelques uns m'assurèrent qu'ils envisageaient d'essayer une manière différente d'agir. La plupart évitèrent de répondre. La question les avait clairement mis mal à l'aise.

Vous pouvez tous trouver un emploi d'ici un mois, même dans un contexte si difficile. En êtes-vous conscients ? C'est ce que j'enseigne à de jeunes étudiants parisiens depuis plusieurs années. Les techniques que je partage avec eux s'appliquent aussi pour le genre de postes que vous briguez.

Je fis une pause. Le silence était complet. La plupart de ces personnes étaient sans emploi depuis bien plus d'un an. Un des membres du groupe prit la parole.

Quel genre de techniques ? Pouvez-vous être plus précis ?

La première technique éprouvée pour obtenir un entretien sérieux est de prendre son téléphone et d'appeler le manager d'une des entreprises que vous visez. Il existe un ouvrage remarquable qui décrit toutes ces techniques, intitulé **De quelle couleur est votre parachute ?** *de Richard Bolles. Je le conseille vivement à toute personne sérieuse dans sa recherche d'un emploi. À présent, permettez-moi de vous poser cette question : Parmi vous, combien de gens passent plus de cinq appels téléphoniques par jour ?*

Personne ne répondit. Plusieurs personnes jetèrent des coups d'œil inquiets à leurs collègues.

Combien d'entre vous passent plus de cinq appels téléphoniques tous les trois jours ?

Aucune réponse.

Combien d'entre vous passent plus de cinq appels téléphoniques par semaine ?

Quelques mains se levèrent lentement.

Combien d'entre vous passent plus de cinq appels téléphoniques par mois ?

Plusieurs mains supplémentaires se levèrent.

Et bien, chers collègues, si nous travaillons ensemble dans mon programme de coaching, vous devrez passer vingt appels par jour, au minimum.

Les membres du groupe échangèrent des regards surpris.

D'après vous, que se passe-t-il vraiment ici et pour vous ?

La foule commença à me donner une longue liste de *Oui, mais* :

... *Il n'y a pas de travail à Paris.*

... *Je n'ai pas beaucoup de contacts.*

... *Je déteste téléphoner.*

... *Je ne peux pas me vendre de cette manière.*

... *Cela ne fonctionne qu'aux États-Unis.*

... *Je n'arrive à contacter que leur secrétaire.*

... *On me dit de contacter le département des ressources humaines, ou de postuler sur leur site Internet.*

... *Je préfère envoyer des centaines de lettres par la poste.*

... *J'ai essayé une fois, et c'était une expérience très désagréable.*

... *Cela ne fonctionne pas.*

La soirée se poursuivit en discussions sur les obstacles que rencontraient les membres du groupe. Le plus courant était un manque de savoir-faire, mais ils finirent tous par convenir que leur difficulté majeure consistait à manquer de motivation. Je leur fis remarquer qu'il s'agissait d'un manque d'engagement et de détermination, plus que de motivation.

> *La lenteur n'est pas un souci du moment que vous ne vous arrêtez pas.*
>
> – Confucius

S'engager massivement dans l'action
La puissance d'une action continue et précise

S'engager totalement et massivement dans l'action, c'est découvrir lesquelles produiront les résultats les plus efficaces, et les mettre en oeuvre de manière systématique. C'est un mélange entre le savoir et l'investissement. Plus votre rythme est élevé, plus apparaissent rapidement des résultats significatifs. Il ne s'agit pas d'adopter un rythme frénétique ni d'aller frapper à toutes les portes. Il s'agit d'investir du temps pour identifier quelles sont les bonnes portes, de savoir comment y frapper, puis de frapper à toutes ces portes à un rythme soutenu. Le cœur du problème, ici encore, est de prendre consciemment la décision de réussir, et de se concentrer sur les moyens d'y parvenir, un jour à la fois.

Dans la suite de cet ouvrage, je vous encouragerai à identifier votre zone d'excellence, comme si vous étiez en train d'écrire votre 'business plan' personnel et que vous vous lanciez comme une vraie marque. À partir de maintenant, identifiez les domaines dans lesquels il est possible que vous ne donniez pas le meilleur de vous-même. Demandez-vous quelles sont les décisions que vous ne prenez pas. Déterminez quels sont les vrais obstacles à ces décisions. Révisez la PDM, la Pratique Délibérée du matin, et établissez votre plan pour faire de demain une journée immense.

Si vous êtes arrivé jusque-là et que vous êtes impatient de continuer, vous avez probablement tout l'investissement nécessaire à votre disposition. À présent, vous pouvez tourner votre attention sur les pratiques qui vous propulsent vers un autre niveau de puissance. Destinées à accélérer vos progrès, les voici présentées dans le chapitre suivant.

Les pratiques pour passer à un autre niveau de puissance

*Faites que le rêve dévore votre vie afin que
la vie ne dévore pas votre rêve.*
– Antoine de Saint Saint-Exupéry

Ces pratiques sont la prochaine étape pour vous aider à avancer vers la réussite et pour accélérer vos progrès.

La Pratique de la discipline, de la persistance et de la détermination

Demandez vous:

Quels principes peuvent-ils guider vos décisions sur la route qui mène à vos rêves ?

Vous avez certainement déjà créé toute une liste de règles qui guident vos actions, fondées sur vos réussites et sur vos échecs. Et si vous les couchiez par écrit en créant ainsi un petit carnet sacré ? Vous pouvez le nommer *Les Lois de Mon Propre Succès*. Prenez le temps de le faire tout de suite, puis gardez ces lois sur votre bureau pour qu'elles deviennent des points de référence pour vos décisions futures.

J'aimerais partager avec vous certains des principes que j'ai appris au cours de mes expériences, en collaborant avec des milliers de participants de séminaires et de dirigeants en devenir. Ces principes universels pourraient vous inciter à en créer d'autres pour vous.

1. **Notez vos objectifs et rendez-les publics.** Cela renforcera votre détermination, et augmentera vos probabilités de ménager de précieux moments pour honorer vos engagements. Les promesses et les objectifs non écrits disparaissent en fumée. N'écoutez pas les *Oui, mais...*, et ne vous attendez pas à recevoir d'encouragements. Soyez audacieux.

2. **Faites confiance au processus.** Réalisez – au grand minimum – une action proactive par jour. Une fois que vous avez établi le cadre pour vos progrès, concentrez-vous sur les actions journalières et les petites victoires. Le plus difficile est de créer du temps chaque jour pour faire au moins une action appartenant à la Courbe Verte. Ce sont des actions délibérées que vous ne réaliseriez pas normalement, mais qui sont en accord avec vos rêves et vos ambitions. Accomplissez cinq actions par jour, et votre vie décollera. La constance est 99% du travail.

3. **Commencez par la tâche la plus difficile ou la plus désagréable.** Par exemple, si vous devez parler à un collègue de son comportement, faites-le dès que possible et libérez-vous de l'angoisse d'avoir à le faire. Une voix dit peut-être à l'intérieur de vous : *Tu sais que tu dois botter les fesses à ce type*, ou *Est-ce que tu vas encore fuir, une fois de plus* ? Il est possible que vous teniez ce dialogue frustrant avec vous-même pendant un long moment. Observez vos sentiments de résistance, admettez que vous préféreriez faire quelque chose de plus facile, mais agissez dès que possible. L'énergie que vous perdez à y penser et à remettre la situation à plus tard vous empêche d'être créatif avec le positif qui vous attend.

4. **N'arrêtez pas une activité que vous adorez.** Vous pouvez décider de la pratiquer moins, ou moins souvent, mais n'arrêtez pas complètement. Ce sont les activités que vous aimez qui créent les moments au cours desquels vous rechargez

vos batteries, et grâce auxquels vous vous récompensez. Même si vous connaissez des difficultés pendant une période, arrêter totalement serait peut-être un trop grand sacrifice ou une trop grande perte. J'ai cessé ma pratique du Karaté pendant de nombreuses années, pour ce que je pensais être des bonnes raisons ; je me trompais. Des années plus tard, j'ai convenu qu'en réalité, j'avais cessé parce que j'avais peur de ma violence interne. Je l'ai fuie, au lieu de la canaliser à travers la pratique du protocole rigoureux du Karaté. Maintenant que j'ai repris cette pratique, j'ai découvert qu'elle m'apporte la même paix intérieure que la méditation.

5. **Demandez-vous régulièrement :** *Suis-je prêt à faire tout ce qui est nécessaire ?* Tenir sa parole est bien plus qu'un talent – c'est un état d'esprit, une valeur personnelle. Vous **décidez** délibérément d'être une personne qui tient parole ; vous **décidez** de faire tout ce qui est nécessaire pour honorer vos engagements.

6. **L'engagement demande de l'opiniâtreté, de la patience, de la foi, de la solidité et une grande clarté mentale.** Une fois que vous avez décidé de créer quelque chose, persévérez, aussi longtemps que nécessaire. Les rêves ont tendance à se manifester de manière magique. Prenez conscience des coïncidences imprévisibles et inexplicables dans votre vie, car il est possible qu'elles œuvrent pour vos objectifs plus que vous ne l'imaginez.

7. **Parfois, faire des progrès, c'est tout simplement dire non.** Si vous n'êtes pas convaincu, ou si vous savez qu'une décision n'est pas totalement claire, entraînez-vous à dire non et mordez-vous la langue plutôt que de céder. Apprenez à dire non jusqu'à ce que votre langue saigne, ou jusqu'à ce que les preuves soient assez convaincantes pour que vous soyez certain que ce sera une bonne décision. (J'admets que dire non

à son supérieur demande un grand talent. Néanmoins, vous pouvez apprendre à influencer votre supérieur, ainsi que toute personne difficile dans votre vie.)

8. **Inversement, parfois dire oui – en faisant confiance à vos tripes et à votre envie – est source de progrès.** Si vous <u>ressentez</u> fortement un "oui" qui ne demande aucune rationalisation, ne réfléchissez pas, dites simplement oui.

9. **Faites face systématiquement à la toxicité de votre vie.** Ne laissez personne porter atteinte à votre état mental, à votre esprit ni à votre positivité. Faites tout votre possible pour éviter les personnes qui aimeraient vous persuader que leur façon de se trouver des excuses pour justifier leur non-action est une bonne chose. Dans tous les cas, elles sont loin d'être aussi dangereuses que la partie en vous qui les croit, et qui permet ce genre de pensées. Remarquez la part en vous qui souhaite être persuadée de rester modeste et de ne pas chercher à réaliser vos objectifs les plus ambitieux. Apprenez à gérer votre saboteur interne.

10. **N'agissez pas comme si vous étiez déconnecté du monde et des autres, surtout lorsque vous traversez des épreuves.** Souvenez-vous de la vague qui croit à tort qu'elle est séparée de l'océan, au lieu de se considérer comme une partie intégrante du tout. Ce que vous percevez est bien plus petit que ce qui est disponible. Commencez à réaliser que les choses ne vous arrivent pas par hasard, mais probablement pour vous apporter une information utile – ou au grand minimum, pour renforcer votre instinct de survie. Trouvez pourquoi, et tirez-en des leçons.

Prenez encore quelques minutes pour écrire d'autres principes pour vous guider. Utilisez-les comme les principes ou les recettes à partir desquels vous prenez vos décisions.

La pratique de regarder sa responsabilité

Lorsque vous vous concentrez sur le fait d'obtenir davantage de résultats avec moins d'efforts, il devient important d'apprendre à découvrir les obstacles qui émanent directement de vous. De votre zone d'ombre viennent ces comportements; la plupart vous sont invisibles. Très souvent, la raison principale de vos problèmes est liée à vos propres actions. Il est possible que cela vous surprenne. Il est possible que vous vous sentiez troublé et embarrassé. Éventuellement, vous prendrez conscience que tenir les autres ou vous-même pour responsable ne vous aide pas à réussir, et qu'il est plus efficace de découvrir pourquoi ces situations improductives continuent à se répéter.

> *Responsabilité: Fait pour quelque chose d'être la cause, l'origine d'un dommage. Se porter garant de ses actions ou de celles des autres.*
> – Dictionnaire Larousse

La superbe nouvelle est qu'une fois que vous découvrez comment vous alimentez vos problèmes, vous commencez à simplifier votre vie, à devenir plus efficace et à réduire les difficultés qui vous entourent. Vous pourriez apprendre à réduire l'impact des habitudes qui sont dures à changer. Vous pourriez même découvrir des mauvaises habitudes que vous souhaitez garder !

Le moyen le plus rapide pour y parvenir est de vous poser constamment ce genre de questions :

Pourquoi cette situation m'arrive-t-elle sans cesse ?

Comment est-ce que j'y contribue ?

Qu'est-ce que je ne fais pas correctement, et qui crée une telle situation ?

Qu'aurais-je pu faire si je l'avais su à l'avance ?

Maintenant que j'ai connu cette catastrophe, que ferai-je différemment la prochaine fois ?

Que puis-je apprendre à faire pour m'assurer que ça n'arrive pas dans mon prochain emploi ?

Qu'ai-je fait de travers pour avoir un patron aussi nul, une équipe aussi nulle, un service aussi nul, un salaire aussi nul, des employés aussi nuls ?

Ceci s'applique aussi pour les situations personnelles :

Comment est-ce que je participe à recréer ce conflit récurrent ?

Qu'est-ce que je fais de travers pour avoir un partenaire aussi nul ?

Pourquoi ma vie est-elle à ce point misérable ?

Au bout d'un moment, vous trouverez cette méthode d'investigation épatante, et vous finirez peut-être même par rire de vous-même pour ne pas vous être rendu compte de ces choses avant.

Étude de cas

Un jour, on me demanda de diriger une formation d'un jour sur la gestion du changement auprès des cadres supérieurs d'une des meilleures écoles hôtelières du monde. Il s'agissait d'une demande de dernière minute, car le consultant qui devait diriger l'événement était tombé malade. Je n'eus pas le temps de préparer l'intervention, ce qui s'avéra en fait une très bonne chose. Je me montrai curieux et je fus à l'aise pour leur poser des questions candides.

L'école cherchait à motiver ses cadres supérieurs pour qu'ils adhèrent à une nouvelle direction stratégique. Bien que son statut économique et ses perspectives soient assez impressionnants, elle était dans la tourmente, et le niveau de satisfaction de ses employés était très bas. Les séances précédentes avec d'autres consultants avaient révélé une forte résistance interne à l'encontre du nouveau plan stratégique.

Les commentaires inscrits sur des posters au mur étaient alarmants. Un manager présent mais anonyme dans la salle avait écrit : *Je me sens tellement mal par rapport à cette situation que j'ai envie de me suicider.* À l'époque, une grande entreprise de télécommunication faisait les gros titres à cause du suicide de certains de ses cadres. Cette déclaration était sérieuse. Je ne perdis pas de temps en présentations et je commençai par le faire remarquer.

Je comprends que le plan stratégique soit un problème pour vous, mais cette phrase sur le mur, qui l'a écrite ?

Personne ne répondit.

Très bien. D'après vous, pourquoi un des managers est-il si perturbé ?

Pendant la plus grande partie de la matinée, environ un tiers des personnes présentes, mécontentes, exprimèrent leurs griefs et leurs craintes : la direction ne communiquait pas, ils ne comprenaient pas la nécessité d'un changement aussi drastique, ils craignaient pour leurs emplois, ils ne voyaient pas comment l'appliquer, les valeurs de l'entreprise n'étaient pas respectées, etc. Je trouvais cela paradoxal : vue de l'extérieur, et d'après ses rapports financiers, cette entreprise semblait florissante et suscitait l'envie de ses concurrents.

Après le repas, je mis à l'épreuve mon audience insatisfaite.

Vous avez critiqué tous les aspects de ce plan, mais à aucun moment je n'ai entendu quelqu'un proposer quelque chose. Si j'étais votre supérieur, j'en aurais assez. Que pense-t-il de vos critiques constantes ?

Une voix s'exprima :

Et bien Hervé, il est là, dans cette salle !

Je pris soudain conscience que je n'avais respecté aucun protocole, ni pris le temps de me renseigner sur mon public. Je savais simplement qu'il s'agissait des personnes-clés nécessaires pour appliquer le nouveau projet. La salle était pleine de personnes incroyablement talentueuses et à l'éducation considérable. Le PDG et les membres du conseil d'administration étaient présents. C'était étrange – ils n'avaient pas prononcé un mot de la matinée.

Je ne vous ai pas non plus entendu me dire ce qui se passerait si vous ne faisiez rien. Qu'arrivera-t-il si vous ne faites rien ? Quel est le risque ?

Et bien, nous ne savons pas, me répondit-on.

Je posai la même question au PDG. Il secoua la tête.

Nous risquons de perdre notre accréditation. Si cela se produit, nous perdrons une bonne partie de nos financements et la moitié des personnes ici présentes perdront leur emploi. Nous avons expliqué la situation de toutes les manières possibles. Je ne sais pas pourquoi ils ne comprennent pas.

Le public était abasourdi. Soudain, ils comprenaient. Je repris la parole.

À présent, j'ai trois questions à vous poser. La première est pour votre PDG : Comment se fait-il que des personnes si intelligentes ne comprennent pas ?

La deuxième question s'adresse aux personnes parmi vous qui se plaignent : Comment se fait-il que vous ne compreniez la situation que maintenant, ici, alors que vous vous voyez tous les jours dans des réunions, pendant le repas à la cafétéria, dans les couloirs ?

Ma troisième question s'adresse à ceux parmi vous qui sont restés silencieux, à observer la bataille : votre entreprise est en péril, comment se fait-il que vous ne fassiez rien sinon attendre de voir qui a raison, et qui l'emportera sur les autres ? Comment vous amener à communiquer mieux ensemble pour sauver votre entreprise ?

Plus que les autres, le PDG avait compris un point-clé. C'était sa responsabilité de s'assurer que ses employés comprennent profondément les raisons principales derrière ce changement imminent. Il devait apprendre à mieux informer, et surtout, se rendre davantage disponible pour répondre aux questions de ses employés. Il ne pouvait se permettre de supposer qu'ils avaient compris – cette supposition, la sienne et celle de son équipe de direction, était la cause principale du chaos actuel.

La plupart des cadres comprirent qu'ils devaient se montrer proactifs pour chercher à comprendre la stratégie de l'entreprise, et ne pas simplement rester là à accuser la direction pour son manque de clarté. Ils devaient apprendre à poser des questions et prendre des initiatives, pour comprendre comment ils pouvaient contribuer. Ce séminaire fut pour eux une opportunité de partager des informations, de poser des questions, de clarifier les rôles et les attentes de chacun et de trouver des moyens de rester unis. Chacun se sentit responsable du succès de ce plan, et tous s'investirent davantage.

Il existait une question plus profonde que je n'ai pas posée à l'époque, car il y avait déjà beaucoup à faire. C'était celle-ci :

Vous souhaitez tous la réussite, et il est clair que la plupart d'entre vous s'investissent pour le succès de votre organisation. Ce groupe a été réuni parce que vous êtes les personnes-clés de cette entreprise, alors pourquoi partez-vous du principe que les personnes en face de vous ne sont pas raisonnables, pas qualifiées ou illogiques ? Pourquoi partez-vous du principe qu'ils ont un problème, au lieu de vous demander pourquoi vous êtes en conflit ? Pourquoi pensez-vous que c'est votre supérieur ou vos employés qui ont tort ? Votre approche ou votre attitude vis-à-vis des autres ne doit-elle pas fondamentalement changer pour faciliter votre travail ?

Cette question introduit une attitude de respect mutuel, dans laquelle on conserve un regard positif inconditionnel à l'égard de l'autre personne. Il s'agit d'une pratique incroyable que je présente plus loin dans cet ouvrage. Pour l'instant, voici une pratique qui bouleversera peut-être un peu vos habitudes au début, mais dont vous ne pourrez rapidement plus vous passer. Je suis très enthousiaste à l'idée de la partager avec vous.

La pratique des 3 doigts

Objectif : Comprendre votre responsabilité, et votre éventuelle influence négative dans les situations difficiles ; apprendre à diagnostiquer les mauvais comportements, les vôtres et ceux des autres ; identifier votre rôle et votre impact négatif dans les situations difficiles ; comprendre les comportements manipulateurs.

Résultat final : Une existence dans laquelle votre talent pour résoudre les problèmes est galvanisé, au point que vous êtes capable de les anticiper ; vous avez augmenté votre capacité à la proactivité ; vous êtes plus juste avec les autres et vous inspirez la confiance ; vous avez libéré votre mental.

Instructions : Dans votre Cahier *Ciel Bleu*, décrivez une situation négative dans laquelle vous êtes impliqué : une situation difficile avec votre supérieur, votre collègue, votre partenaire ou un de vos clients. Vous pouvez également appliquer cette pratique dans votre vie privée. S'il vous plaît, commencez avec une situation relativement simple.

Étape 1 : Listez ce que vous reprochez à cette personne. Qu'a-t-elle fait de mal, ou que ne fait-elle pas ? Quel impact négatif cette personne a-t-elle sur votre travail, sur votre bien-être, ou sur d'autres domaines dans votre vie ? Relevez toutes les conséquences négatives dans votre environnement.

À présent, pointez votre doigt en direction de cette personne, comme si elle se trouvait en face de vous.

- Voici les faits
- Voici l'impact
- Voici le problème
- Voici la faute
- Voici ta responsabilité

Étape 2 : Observons maintenant votre influence sur cette situation. Observez votre main qui pointe un doigt. Combien de doigts sont-ils dirigés vers vous ? Trois. Trois doigts sont pointés dans votre direction. Alors, listez toutes les manières par lesquelles vous contribuez à cette situation désagréable.

Bien que vous n'ayez pas besoin d'un coach pour réaliser cette pratique, voici comment je l'emploie avec les clients que je coache.

Étude de cas

Pierre, un de mes clients, se plaint d'un employé, un membre important de l'équipage d'un bateau, qui arrive régulièrement au travail en état d'ébriété. En pointant le doigt, il dit :

Il met ses collègues en danger, il n'obéit pas à mes instructions, il agit ainsi pour manquer de respect à mon autorité...

Je lui demande à présent de faire la liste des manières par lesquelles il a contribué à la situation.

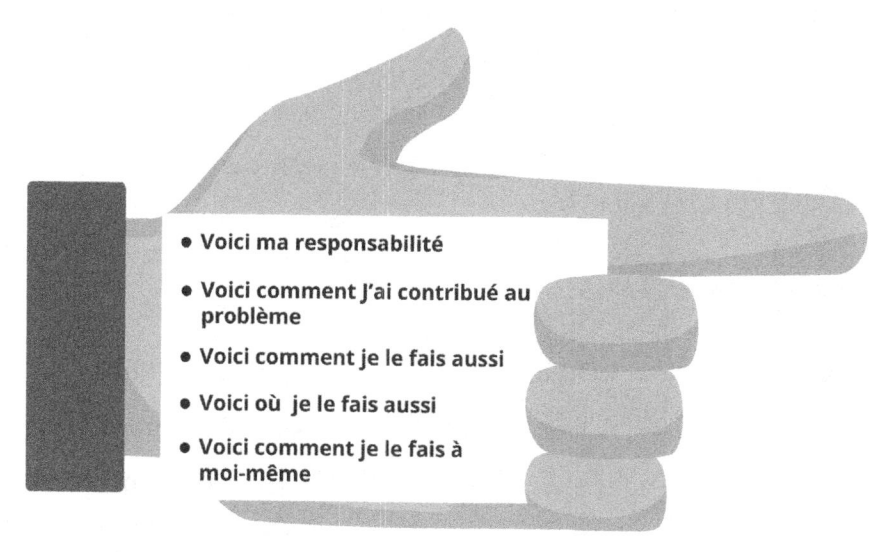

- Voici ma responsabilité
- Voici comment j'ai contribué au problème
- Voici comment je le fais aussi
- Voici où je le fais aussi
- Voici comment je le fais à moi-même

Après quelques clarifications, il admet sa part de responsabilité dans cette situation :

Je l'ai engagé sans vraiment contrôler sa réputation, j'ai fermé les yeux lorsque d'autres employés se sont plaints, je ne suis pas doué pour régler les conflits alors j'ai évité de le confronter, lorsque j'ai fini par lui en parler, j'ai cru ses promesses, je n'ai pas voulu aller jusqu'au bout et le licencier...

Maintenant que vous percevez votre part de responsabilité dans cette situation, dans quelles autres situations vous comportez-vous de la même manière ?

Moi ?

Oui, vous.

Et bien, même si c'est un peu différent, je pense que davantage de discipline profiterait à l'ensemble de l'équipage. Après tout, personne ne lui a rien dit. Cette situation dure depuis un certain temps – Je devrais aussi leur en parler. En fait, je suis aussi négligent au niveau du contrôle de la qualité de mon équipage à terre.

Il fait une pause.

C'est drôle, maintenant que j'y pense, ça me rappelle que mon fils aîné a des problèmes de comportement à l'école.

Très bien, Pierre. Maintenant, dans quelle mesure êtes-vous irresponsable, comme eux, dans votre vie professionnelle ?

Moi ?

Oui, vous.

Il réfléchit un moment.

Et bien, j'admets qu'à l'occasion, j'ai eu un comportement un peu injurieux à l'égard de plusieurs membres de l'équipe administrative au quartier général. Je n'ai pas toujours fait de mon mieux. Je ne veux pas en discuter en détail, mais je le regrette.

Très bien. Et à présent, dans quelle mesure êtes-vous irresponsable dans votre vie privée ?

Moi ?

Oui, vous.

Il prend le temps de réfléchir à ma question.

Et bien, ma tension est élevée, je suis épuisé la majeure partie du temps et je travaille de nombreuses heures. Je risque un burn-out, et je ne peux pas me le permettre.

Pierre, percevez-vous à quel point vous êtes irresponsable envers vous-même ?

En effet, je m'en rends compte à présent.

Cette pratique est une routine très puissante. Vous pouvez la réaliser avec une personne en qui vous avez confiance pour vous aider, mais elle est tout aussi efficace si vous la pratiquez seul. Révéler vos angles morts provoquera des émotions en vous. Ce sont des opportunités de comprendre vos facettes inconnues, de développer votre compassion à l'égard des autres et d'améliorer les choses dans le futur. Cette pratique pourrait révéler certaines habitudes d'auto-sabotage qui vous empêchent d'avancer sur votre Courbe Verte.

En travaillant davantage sur votre développement personnel, vous prendrez conscience que vous créez votre propre réalité ; vous apprendrez à voir comment, inconsciemment, vous contribuez grandement au positif comme au négatif dans votre vie. Vous apprenez ainsi à être aux commandes de votre vie, à mieux planifier, et à réduire drastiquement vos problèmes personnels.

La pratique d'opérer dans sa zone d'excellence

Cher Jedi du Ciel Bleu, souhaitez-vous devenir hautement efficace et concentré, afin d'accomplir bien davantage tout en faisant bien moins ? Et bien commençons par ce cas avec une cliente.

Étude de Cas

Ma cliente J., la comptable, me demanda :

Je suis inquiète. J'ai envie de réussir, mais je ne veux pas être ce genre de personne obsédée par l'idée de faire et d'obtenir davantage, à l'exclusion de tout le reste. Je souhaite aussi avoir une vie harmonieuse. Alors, dites-moi, comment réconcilier mon côté ambitieux avec cette recherche d'équilibre ?

Je répondis :

Et bien, la mauvaise nouvelle, c'est que la réussite demande des sacrifices constants et beaucoup de travail. Par moments, vous devrez être très déséquilibrée, adopter un rythme effréné, être débordée et repousser vos limites. Vous vous imposez des règles et des habitudes pour créer des progrès stables et constants. Vous y excellez déjà, comme la majorité des personnes professionnelles.

La bonne nouvelle, c'est que la plupart des entreprises et les personnes qui y travaillent agissent d'une manière incroyablement inefficace et désorganisée. Il y a énormément de temps à reconquérir, et de nombreux moyens pour accomplir davantage tout en faisant beaucoup moins. Estimez-vous que vous êtes hautement efficace ?

Puis, je demandais :

J., quand estimez-vous donner le pire de vous-même au travail ?

Lorsque je ne suis pas experte sur le sujet dont je m'occupe, lorsque le client est arrogant et se comporte comme s'il savait tout, lorsque mes collègues et moi-même ne sommes pas accordés sur la manière de servir notre client, lorsqu'il y a de la compétition interne, lorsque mes valeurs sont en conflit avec le travail que j'ai à faire, lorsque mes assistants ne sont pas formés, lorsque je ne me sens pas qualifiée, lorsque nous perdons un temps fou dans des réunions désorganisées et inutiles, lorsque je me sens obligée de lire des conversations sans importance par e-mail, lorsque nous tenons des réunions tard le soir alors que je préférerais être à la maison avec mes enfants, lorsque je ne me sens pas reconnue ou appréciée, lorsque j'ai peur de ne pas contribuer suffisamment...

Et quand estimez-vous que vous donnez le meilleur de vous-même dans votre travail ?

Lorsque je suis vraiment moi-même, lorsque je comprends totalement les besoins de mes clients, lorsque je suis experte sur le sujet que nous traitons, lorsque je peux avoir un impact significatif, lorsque les personnes au bureau sont sur la même longueur d'ondes, lorsqu'il y a un respect mutuel et que chacun prend ses responsabilités, lorsque je peux mener le projet à ma manière, lorsque mes collègues se rendent compte à quel point je suis investie et comprennent pourquoi je suis si exigeante. Je me rends compte que lorsque ces conditions sont réunies, je fais de mon mieux et les autres apprécient ma présence ; comme je donne le meilleur de moi-même, ils sont reconnaissants et nos relations deviennent presque personnelles. Il n'y a aucun conflit, personne ne cherche à écraser les autres, et nous gagnons énormément de temps.

J., percevez-vous comment les conditions que vous venez de décrire créent une spirale positive de collaboration efficace ?
Absolument. Je dois faire le maximum pour travailler plus souvent dans ces conditions.

Dans sa réponse à ma dernière question, J. décrit sa zone d'excellence. Lorsque vous êtes capable de reconnaître quelles sont vos meilleures conditions, vous pouvez davantage œuvrer pour les mettre en place.

Cela nous amène à deux défis : premièrement, à quel point connaissez-vous votre zone d'excellence, et deuxièmement, comment faire pour l'élargir, ou pour éviter de travailler hors de celle-ci ?

Développer sa zone d'excellence, c'est parvenir à la maîtrise de soi. Ce n'est pas un état figé – il s'agit d'un processus constant d'amélioration personnelle, sur plusieurs niveaux différents.

Une manière simple pour clarifier votre zone d'excellence est d'analyser vos succès et vos échecs passés. Je vous propose de structurer votre analyse avec un cadre fondé sur les niveaux de logique issu des travaux de Gregory Bateson, anthropologue, et de Robert Dilts, consultant et formateur en programmation neurolinguistique (PNL). Le professeur Enrique Nunes, un collègue de l'École de Commerce EM Lyon, m'a présenté ce système pour la première fois lorsque nous avons donné des cours de gestion du changement. Sa capacité à diagnostiquer les problèmes principaux des projets, et à aider les équipes à se concentrer dessus était époustouflante. Depuis, nous nous sommes servis de ce modèle dans d'innombrables programmes de leadership. Je l'ai adapté pour qu'il puisse être utilisé efficacement par un individu proactif.

Pour ce faire, vous examinez les six niveaux logiques de toute situation d'échec ou de succès, afin d'identifier et de comprendre les relations entre chaque niveau, pour vous aider à donner le meilleur de vous-même professionnellement.

La Colonne Vertébrale du Sens
Ma Zone d'Excellence

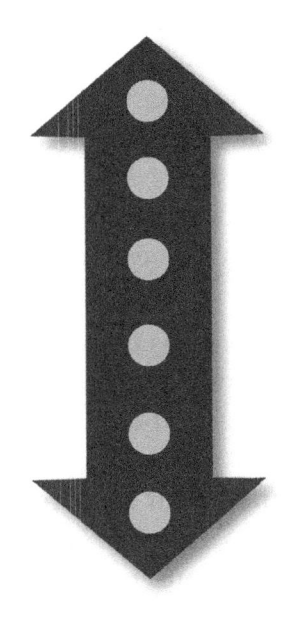

Ma Vision

Ma Mission de vie

Mes croyances, valeurs et attitudes

Mes compétences et capacités

Mes actions et comportements

Mon environnement

Je souhaite vous voir étudier chaque niveau logique, pour commencer par détecter ce qui vient saboter vos efforts. À partir de ce point, nous pourrons déduire l'inverse : ce qui vous permettra de faire de grands progrès. Notez vos découvertes dans votre cahier *Ciel Bleu*, ce sont des informations capitales pour vous aider à établir vos stratégies pour le succès. Commençons par le niveau du bas, et montons progressivement.

L'environnement : Dans un environnement hostile, les gens ont tendance à se limiter à des stratégies de survie élémentaires. Lorsque les gens ont peur, lorsqu'ils s'ennuient ou qu'on ne les encourage pas à se dépasser, lorsqu'ils ne se sentent pas appréciés à leur juste valeur, lorsque leur rôle ou leur moyen de contribuer n'est pas rendu clair, lorsqu'ils se sentent exclus et/ou lorsqu'ils ont l'impression d'évoluer dans un environnement hostile, ils travaillent en-dessous de leur potentiel. Pire, dans une entreprise, l'effet collectif d'un tel environnement provoque un manque d'efficacité incroyable, des rumeurs de couloir, des attaques personnelles, des doléances constantes et une créativité minimale. Dans ce genre d'environnement, les gens font juste ce qu'il faut pour conserver leur emploi ; ce qui crée inévitablement des situations dans lesquelles tout le monde est perdant. Voici la question que vous devez vous poser : *Par le passé, quel genre d'environnement vous a amené à en faire le moins possible ?* Plus vous serez en mesure de le décrire, mieux vous comprendrez les conditions qui vous empêchent d'être totalement investi, créatif et épanoui.

Les comportements et les actions : Quels sont vos comportements et vos actions qui vous apportent le moins de satisfaction personnelle, ou le moins de progrès ? Vous serez peut-être seulement capable d'en repérer quelques-uns. Vous aurez besoin de demander du *feedback* à ceux qui vous entourent pour en découvrir davantage. Certains de vos comportements créent peut-être un impact préjudiciable sans que vous n'en ayez conscience. Apprendre à assumer vos responsabilités vous aide aussi à repérer les comportements qui créent un stress inutile et des efforts gaspillés.

Les talents et les compétences : Quels talents avez-vous besoin de développer pour atteindre ou vous rapprocher des objectifs que vous avez établis plus tôt dans cet ouvrage ? Quelles compétences sont-elles dépassées, insuffisantes ou absentes ? De quelles manières se traduit votre manque de compétence dans votre position professionnelle ? Quels talents essentiels à votre Courbe Verte vous manquent-ils ? Comment allez-vous les développer ?

Les trois prochains niveaux peuvent avoir un impact incroyablement positif sur votre capacité à créer les résultats que vous recherchez. Malheureusement, ils peuvent aussi être source de sérieux dérapages.

Les croyances, les valeurs et les attitudes : J. croyait qu'elle ne contribuait pas suffisamment. Cette croyance n'avait aucun fondement, parce qu'elle contribuait au succès de son entreprise de nombreuses manières. Pourtant, c'est cette croyance erronée qui l'a amenée à prendre en charge un projet qui n'était pas adapté à ses compétences et qui ne l'intéressait pas vraiment. Elle se sentait inquiète, acculée contre un mur et misérable. Son attitude et sa faible estime d'elle-même la poussaient à constamment se concentrer sur elle-même, sur son statut, sur son rôle et sur ses mauvais résultats au lieu de déterminer la meilleure approche pour le projet. Lorsqu'elle se pencha sur ce niveau logique et comprit le phénomène, elle se retira rapidement du projet et elle aida une personne plus qualifiée à prendre en charge la relation avec le client. Tout le monde y fut gagnant.

Il peut être difficile de repérer vos croyances erronées seul. Vous pourriez avoir besoin de spécialistes pour vous y aider. Par la suite, je vous présenterai la pratique d'observer ses croyances, dans le chapitre qui explique comment nourrir son âme et son esprit, et vous pourrez l'utiliser pour vérifier vos suppositions et analyser vos croyances.

Découvrir vos croyances autodestructrices sera peut-être le travail de développement personnel le plus puissant et libérateur que vous ferez dans votre existence. Il va simplement changer votre vie. Remettez en question vos croyances à propos de l'argent, du travail que vous fournissez, de la perception que les autres ont de vous. Il ne s'agit pas de changer vos croyances religieuses ; il s'agit de reconnaître que certaines des croyances qui guident votre manière de vous comporter dans le monde ne vous sont plus profitables, et que certaines croyances positives attendent d'être découvertes et adoptées.

Vos valeurs sont à la source de votre motivation. Lorsque les valeurs des personnes ne sont pas honorées, et en particulier respectées, cela crée de violents conflits. En une journée, un employé peut complètement se démotiver si ses valeurs personnelles n'ont pas été respectées. Quand vos valeurs n'ont-elles pas été respectées par le passé ? Quelles sont les valeurs les plus fondamentales pour vous, celles auxquelles vous êtes le plus sensible ?

Votre objectif, votre passion et votre mission : dans la direction clairement établie par votre vision, vous avez un rôle unique, une mission, et une manière spécifique de contribuer à cette vision. Si vous vous donnez une permission totale, vous découvrirez plusieurs domaines qui vous passionnent. Vos compétences, expériences, croyances et valeurs uniques font de vous la personne idéale pour cette mission ou ce rôle particulier, à l'intérieur de votre vision. Votre personnalité et vos capacités influencent vos décisions et la manière dont elles sont accomplies. C'est ce qui vous confère une identité, et elle peut être nommée par un titre. Voici quelques exemples – certains peuvent être très imaginatifs :

- Je suis un Directeur Général à qui on fait confiance – Je m'assure que les choses soient faites avec beaucoup d'intégrité.
- Je suis le Spiderman du management – Je prends en charge des situations impossibles et je crée de bons résultats.
- Je suis le Scientifique de cette start-up – mes recherches permettent la création de solutions innovantes pour nos clients.
- Je suis Yoda, le Formateur – j'aide à créer des Jedis dans les sociétés, qui peuvent assumer le changement avec de profondes valeurs humanistes.

Prenez un moment pour décrire votre identité dans votre cahier *Ciel Bleu*, et attribuez-vous un titre. Notez aussi les sujets qui vous passionnent. Ne vous limitez pas, vous ne pouvez rien écrire de faux ici. Tout ce que vous notez est totalement acceptable. Faites-vous plaisir !

Plus vous percevrez clairement votre rôle, plus il vous sera facile de vous positionner correctement et de déterminer comment vous pourrez avoir le plus grand impact. Cela vous permettra également d'identifier une signification plus profonde, de développer une concentration ultra-précise et de refuser les propositions qui ne cadrent pas avec vos objectifs ou votre profil. Vous serez ainsi équipé pour faire la différence entre ce qui fait sens pour vous et ce qui n'est que tactique limitée ou raccourci trompeur. Être la bonne personne pour la bonne mission, avec la bonne vision, vous permet d'exprimer tout votre potentiel et d'obtenir de meilleurs résultats avec moins d'efforts. Cette clarté d'esprit vous confère une présence forte et une grande crédibilité pour convaincre les autres.

La prochaine étape du Cycle de la Sueur et de l'Esprit va parler davantage des moyens pour découvrir votre mission de vie.

Votre vision :

Je rêve qu'un jour, notre nation se lèvera pour vivre véritablement son credo.

Martin Luther King Jr. prononça cette phrase célèbre le 28 août 1963, et il motiva des générations d'Américains de toutes couleurs de peau à se battre pour le changement social. Ses mots continuent d'inspirer le monde.

Je crois que cette nation doit se fixer pour objectif de faire atterrir un homme sur la lune et de le ramener sain et sauf sur la terre avant la fin de cette décennie.

John Fitzgerald Kennedy prononça ces mots lors d'un discours le 25 mai 1961. Grâce à eux, la nation porta son attention sur l'amélioration des progrès économiques et sociaux.

Quelle est votre vision pour vous-même, pour votre carrière, pour votre famille, pour votre communauté et pour le monde ? Vous possédez peut-être déjà les réponses à certaines de ces questions au fond de vous. Je vous invite à présent à prendre le temps d'écrire votre vision, pour vous-même. Il vous sera peut-être difficile de clarifier votre vision, et ce travail nécessitera de nombreuses versions. Peu importe, ce processus vous donne une meilleure compréhension de vos objectifs et contribue à alimenter votre motivation et votre détermination.

Lorsque les trois niveaux supérieurs – votre vision ; votre objectif et votre mission ; vos croyances, valeurs et attitudes – sont négligés trop longtemps et ne sont pas 'nourris', des problèmes psychologiques apparaissent. Il arrive un point où la recherche pour avoir plus d'argent, plus de pouvoir et/ou plus de prestige n'est plus épanouissante. C'est à ce stade que les distractions du monde moderne ne peuvent plus camoufler une sensation de vide.

À ce moment précis, nous avons besoin de donner du sens à nos vies, et non pas d'être simplement là pour les autres.

Qu'est-ce qui est important dans ma vie ?

Qu'ai-je vraiment envie de faire de mon existence ?

Comment puis-je totalement m'exprimer, ainsi que mon essence ?

Comment puis-je m'épanouir ?

Ces questions deviennent centrales. Votre engagement à apprendre, à découvrir et à progresser dans ces domaines crée des objectifs qui ont du sens pour vous, et dans lesquels vous êtes heureux de vous investir totalement. Vous n'aurez plus l'impression que c'est du travail ; il s'agira simplement de vivre une existence qui fait sens pour vous.

Lorsque les niveaux de logique élevés sont plus clairs, les niveaux en-dessous sont grandement impactés en conséquence. Les nouveaux changements influent sur tout votre système cognitif et neurologique. Vous ne pouvez plus vivre votre vie de la même manière. Les comportements, les actions, les compétences et l'environnement doivent changer pour s'adapter à votre vision nouvelle, à votre objectif et à vos croyances. Le défi devient alors de savoir comment changer, comment vous développer et mettre le nouveau système en place avec contrôle et en sécurité.

Votre zone d'excellence est un sous-système à l'intérieur des sept étapes du Cycle de la Sueur et de l'Esprit. Avec le temps, clarifier ce qui compose votre zone d'excellence vous aide à discerner avec une précieuse certitude les activités qui sont importantes pour vous et qui révèlent votre meilleur potentiel. Vos résultats encourageants renforceront ce système et vous motiveront à le pratiquer avec plus d'énergie et de profondeur, pour atteindre la maîtrise personnelle.

La pratique d'apprendre à apprendre

Objectifs : Analyser les résultats passés pour apprendre à être plus efficace ou à avoir un impact plus important dans les projets futurs. Développer une agilité d'apprentissage et assumer davantage vos responsabilités.

Résultat final : Une plus grande expertise, une efficacité améliorée. Vous identifiez les zones d'ombre et les opportunités manquées, vous travaillez moins tout en accomplissant davantage.

Instructions : Prenez cinq minutes pour débriefer un événement : une conversation, une réunion, un appel téléphonique à un client, une présentation publique ou la réalisation d'un projet. Prenez des notes dans votre cahier *Ciel Bleu* et suivez les instructions ci-dessous :

- Observez comment vous vous êtes comporté au cours de l'événement. Passez en revue les conséquences négatives et positives de l'événement.
- Notez cinq de vos comportements qui ont contribué aux résultats positifs.

- Lesquels de ces comportements devrez-vous répéter la prochaine fois ?
- Notez cinq de vos comportements qui ont contribué aux résultats négatifs.
- Lesquels de ces comportements devrez-vous changer ou éviter la prochaine fois ? Quels comportements ou actions créeraient un meilleur résultat ?
- Faites la synthèse de ces notes pour établir un plan d'action, une liste de choses à faire au cours du prochain événement important.

Cette pratique peut facilement être adaptée pour débriefer les résultats de votre travail avec d'autres personnes ou pour améliorer drastiquement la manière dont tout votre département fonctionne. Ici, le défi est de le faire systématiquement, de manière simple et souple. La plupart des gens trouvent cette pratique ennuyeuse au début, mais leur perception change rapidement lorsqu'ils découvrent que ce processus n'est pas agressif mais doux, et qu'il se révèle souvent extrêmement utile. Lorsque vous prenez l'habitude de réaliser cette pratique au cours de vos collaborations avec vos collègues, les avantages sont incroyables. Faites-le, et laissez la magie se révéler.

Pratiques avancées pour apprendre à apprendre

Lorsque j'anime un séminaire, je débriefe souvent le travail des autres avec ces questions simples :

Était-ce utile ?

Précisément, qu'avez-vous trouvé utile ?

Pourquoi était-ce utile pour vous ?

Qu'est-ce qui a fonctionné ?

Quelles actions et quels comportements devrions-nous reproduire la prochaine fois ?

Y-a-t-il quelque chose que nous devons faire mieux, ou différemment la prochaine fois ?

Ce format fait participer les personnes et renforce les comportements qui contribuent au succès. La puissance de cette pratique se révèle grâce à une grande répétition de séances de débriefing légères et rapides.

À mesure que vous développez vos talents de leader, assurez-vous régulièrement que cette pratique ne soit pas une simple critique, et qu'elle ne crée pas de culpabilité. Soulignez qu'il est normal de faire des erreurs une première fois, et qu'après tout, nous devons tous assumer notre part de responsabilité. Vous devrez insister pour continuer à pratiquer ce genre de débriefing, surtout si vous êtes le dirigeant.

Il est bien plus difficile de fonctionner sans.

La pratique du *Feedback* de 30 secondes

Objectif : Développer votre capacité à donner des *feedbacks* concrets, utiles et positifs. Apprendre à encourager les comportements constructifs et productifs autour de vous.

Résultat final : Vous avez davantage d'énergie, et vous ressentez plus de confiance et d'appréciation. Vous échangez de nombreux sourires et parfois, des larmes de joie.

Instructions : Vous avez 30 secondes pour donner un *feedback* court et positif. Choisissez une personne que vous connaissez bien et que vous avez suffisamment observée pour remarquer un comportement productif, agréable et utile. Votre *feedback* doit décrire précisément le comportement. Faites-le cinq fois, avec cinq personnes différentes, en face à face et dans l'heure qui vient.

Remarque : « Tu es magnifique » n'est pas un *feedback* ; il s'agit d'une évaluation positive subjective, peut-être même d'une tentative de séduction. Ce n'est pas l'objectif. Votre *feedback* doit décrire un comportement et être sincère, notable et juste ; sinon, il pourrait être perçu comme une simple manipulation et créer un effet négatif involontaire.

L'objectif ici est de parler à une personne d'un de ses comportements qui crée des résultats positifs. Soyez altruiste : vous décrivez simplement un fait observable.

Chronométrez-vous, ou demandez à ce qu'on vous chronomètre pendant précisément 30 secondes. Lorsque le temps est écoulé, cessez de parler. Les longs discours diluent le message et amoindrissent son impact. Vous vous sentirez peut-être un peu mal à l'aise au début, mais vous vous améliorerez avec la pratique.

J'ai découvert que cet exercice pouvait être très difficile à réaliser dans certaines cultures. Dans de nombreux pays, la communication consiste surtout à trouver des défauts – à remarquer ce qui a échoué ou ce qui est incorrect. Par exemple, un professeur aura tendance à faire remarquer les mauvaises notes d'un élève au lieu de féliciter les élèves qui obtiennent les meilleurs résultats. Combien de fois avez-vous entendu de la part de votre professeur, de votre patron, de votre collègue ou d'un ami : « *J'ai remarqué que tu as fourni de nombreux efforts pour faire un bon travail. J'apprécie beaucoup cette attitude. Continue comme ça.* »

Dans de nombreuses parties du monde, cela n'arrive jamais, que ce soit au travail ou en privé. Nous discutons des problèmes – des choses négatives – sans prendre le temps de reconnaître les comportements positifs que l'on souhaite voir plus souvent. Ce sont de tragiques opportunités manquées.

Alors, commencez par réaliser cette pratique avec des amis et des collègues en qui vous avez confiance. Je souhaite que vous deveniez accro à cette pratique. Elle contribuera significativement à vous rendre heureux, et à ce que vous soyez entouré de personnes qui apprécient votre présence.

Il s'agit du cadeau le plus précieux que j'ai reçu aux États-Unis. Merci, merci, et merci encore. Sur le long terme, les récompenses de cette pratique valent facilement 10 000 fois le prix de ce livre !

Voici quelques exemples de *feedback* positif :

Janet, j'ai remarqué que vous êtes souvent la première personne dans la salle, et que vous êtes toujours à l'heure. J'apprécie vraiment cette attitude, qui à mon sens est professionnelle et cohérente.

Akira, votre compte-rendu était concis, clair et facile à lire, et il contenait tous les sujets que j'avais besoin de comprendre. Merci de l'avoir rédigé.

Elisa, j'ai apprécié votre manière de recevoir nos invités aujourd'hui. Grâce à vous, ils se sont sentis très bien accueillis, et vous leur avez donné des instructions claires concernant ce qui allait se passer au cours de l'événement. Je pense qu'ainsi ils ont eu une très bonne première impression concernant notre conférence. Je vous en remercie.

Marine, ce fut un immense plaisir de travailler avec vous jusque ici. Votre travail de traduction et d'adaptation de mon livre a été pointu et investi. Vous vous êtes adaptée au fait que je ne sois que peu disponible en étant courtoise et patiente. J'ai beaucoup apprécié nos discussions sur les subtilités de la traduction. Je me sens chanceux de collaborer avec des consultants qui travaillent ainsi. Merci.

Une manière simple pour donner un signe de reconnaissance peut être un sourire, un pouce levé, ou de dire simplement : « Excellent travail ! » Toutefois, au cours de mes formations, j'encourage une pratique de *feedback* structurée, pour que les participants la développent comme un outil pour construire les relations et les collaborations. Lorsqu'ils sont à l'aise pour s'exprimer dans ce cadre de communication positive, cela devient un cadeau et un art de le faire fréquemment et simplement.

Cher Jedi du Ciel Bleu, je suis conscient que vous avez lu mon livre jusque ici. Vous avez pris le temps de vous entraîner, d'expérimenter et de vous adapter. Cela vous a certainement demandé de la persévérance, de la foi et de la détermination. C'est très impressionnant, car ce travail n'est pas pour les petits garçons et petites filles. Je me sens honoré, car cela nourrit ma propre mission de vie : Partager cette connaissance. Ce qui vous motive est précieux, ainsi que votre manière d'agir. Ne changez rien ! Continuez.

Remarquez que cette manière de s'exprimer respecte les conseils que j'ai donnés plus tôt sur le *feedback* : **les faits et les comportements ; l'impact ; la demande.** L'objectif est de donner bien plus de *feedback* positif <u>dans tous les aspects de votre vie</u> que de *feedback* négatif.

La critique constante est une manière dépassée d'exercer son autorité et son pouvoir par la peur. Elle est désuète, inefficace et primitive, tout simplement. De plus, d'après mon expérience elle fonctionne encore moins efficacement avec les nouvelles générations.

Permettez-moi d'utiliser ici des mots très durs : lorsque vous aurez essayé les pratiques présentées ci-dessus, vous découvrirez probablement que les jugements, les critiques constantes, le fait de ne pas reconnaître le travail des autres et tous les comportements similaires appartiennent au monde de la médiocrité.

Le monde de la médiocrité n'est plus le vôtre.

La pratique de 5 actions par jour

Objectif : Réaliser cinq actions PDM par jour, tous les jours, pendant 10 jours travaillés consécutifs.

Résultat final : Vous accomplissez des actions cohérentes, vous obtenez des résultats constants, vous êtes de bonne humeur, vous avez la sensation d'accomplir des choses, que les possibilités sont illimitées, et vous savez avec certitude que vous pouvez gravir des montagnes.

Instructions : Choisissez un domaine central dans votre plan pour le succès et réalisez cinq actions proactives PDM par jour dans ce domaine. Si nécessaire, commencez par réaliser une action par jour, puis augmentez progressivement jusqu'à réaliser cinq actions au bout de dix jours travaillés consécutifs. L'objectif est de créer une suite de journées réussies. Par exemple :

- 5 actions simples de marketing : des appels téléphoniques, des e-mails, réaliser une brochure, se présenter à un client.
- 5 appels téléphoniques à des managers d'entreprise qui vous intéressent, dans le cadre de votre nouvelle recherche d'emploi Ciel Bleu.
- 5 *feedbacks* positifs et courts aux membres de votre équipe.

Je demande à la plupart de mes clients de réaliser cinq actions PDM par jour. Toutefois, je leur conseille souvent de commencer par seulement une action par jour. Ils réalisent progressivement plus d'actions au cours du premier mois de notre collaboration. Certaines personnes finissent par réaliser plus de vingt actions par jour.

C'est intense, mais après tout, on est plus en maternelle.

C'est pour vous, cher Jedi du Ciel Bleu !

Obtenir l'aide et le soutien dont on a besoin

Les personnes autour de vous ainsi que votre environnement ont un impact notable sur votre manière de vous comporter et de fournir des résultats. Naturellement, il est beaucoup plus difficile de réussir dans un environnement où les personnes vous tirent vers le bas, vous distraient de vos objectifs et réagissent négativement lorsque vous vous comportez ou que vous pensez différemment. Vos meilleurs "amis" pourraient bien s'avérer être vos pires obstacles.

Pourtant, c'est VOUS qui décidez. Vous êtes la seule personne à pouvoir permettre aux influences extérieures de vous dévier de vos plans. Il vous faudra peut-être devenir beaucoup plus sélectif concernant les personnes avec qui vous collaborez et partagez vos idées.

Marshall Goldsmith, considéré comme un des meilleurs coachs exécutifs du monde, décrit très bien les raisons pour lesquelles les gens ne réussissent pas, même lorsqu'on leur donne les meilleurs outils pour le succès. Ce n'est pas le programme de coaching qui est la clé de la réussite ; c'est, encore et toujours, la personne. Nous allons nous pencher sur ce qui fait la différence entre les personnes qui "agissent", et celles qui se contentent de dire qu'elles vont agir.

Marshall liste quatre raisons principales pour expliquer pourquoi les personnes n'agissent pas.

Premièrement, ils passent leurs journées à se dire que demain sera mieux, qu'il sera plus facile d'agir le lendemain. Ils attendent que quelque chose d'extérieur à eux se passe ou s'améliore pour commencer à agir. Combien de fois avez-vous entendu quelqu'un au travail dire : « Je commencerai à prendre des cours du soir lorsque j'aurai moins de travail, » ou « D'ici l'année prochaine, j'aurai résolu une grande partie de mes ennuis actuels, et alors j'organiserai mieux mes finances, » etc. En réalité, vous êtes rarement plus disponible le lendemain. Et malgré cela, ces personnes continuent d'espérer et d'attendre.

Deuxièmement, les gens n'ont pas conscience des "dérives de la planification". La voix en vous qui prévoit n'est pas celle qui agit. Une liste d'actions stimulantes n'a aucun effet, à moins que quelqu'un ne la suive et ne réalise ces actions, une par une. Cette voix crée peut-être une liste parfaite d'actions, mais elle n'est pas en charge de les exécuter. Et bien souvent, la personne qui doit les réaliser est fatiguée, épuisée, déprimée, craintive, trop occupée, a des problèmes de santé ou a un cruel besoin d'être reconnue.

La connaissance des types de personnalités, principalement issue de l'œuvre de Carl Jung, puis par la suite de celle de Katharine Cook Briggs et Isabel Briggs Myers (qui ont développé le Myers-Briggs Type Indicator, MBTI, un excellent instrument pour la connaissance de soi) nous indique que nous avons soit une préférence pour la planification (Type J) soit une préférence pour l'improvisation (le Type P). Certains prévoient leurs vacances six mois à l'avance, et d'autres y réfléchissent la veille de leur départ.

Les recherches démontrent qu'il est très difficile de modifier nos préférences naturelles, et il existe des risques des deux côtés : le risque de trop planifier, par exemple ; et à l'opposé, celui de ne pas assez structurer vos actions et de ne pas établir suffisamment de jalons pour évaluer vos progrès. C'est bien pour cela qu'il est difficile de le faire seul, et qu'une aide extérieure est nécessaire pour évaluer notre manière de fonctionner. (Dans la prochaine pratique, je vous présente un système de soutien simple pour vous aider.)

Notre troisième raison principale de ne pas agir, c'est qu'en général, faire quelque chose prend beaucoup plus de temps et de détermination que prévu. Nous avons tendance à sous-estimer les difficultés, les efforts et la persévérance nécessaires. À cause de cela, notre motivation initiale s'essouffle et nos vieilles habitudes reviennent au galop : les distractions, la procrastination, les actions improductives, etc.

Et quatrièmement, ''Des fois, ça merde.'' Marshall surnomme plus délicatement ce phénomène : la forte probabilité d'événements à faible probabilité. La probabilité pour qu'une catastrophe spécifique arrive, comme un accident de voiture, est généralement très faible, mais la probabilité pour qu'un événement de ce genre arrive est en réalité très forte. Tôt ou tard, vous traversez une crise et elle stoppe vos progrès pendant un moment. Votre capacité naturelle à rebondir, votre capacité de résilience et votre foi en votre objectif vous aideront à devenir plus fort et à rebondir.

Lorsque vous prenez conscience de ces quatre facteurs, Marshall vous conseille de mettre en place un système de soutien. Pour cela, vous pouvez vous rappeler régulièrement de tenir vos promesses – de vous souvenir de vos engagements. Marshall propose un système qui permet d'obtenir de superbes résultats, d'après des recherches éprouvées. Il peut très facilement être adapté à la pratique de la PDM afin de progresser sur la Courbe Verte. Et il ne prend pas plus de deux minutes chaque jour.

La pratique des 6 questions proactives
– Adaptée de l'œuvre de Marshall Goldsmith –

Objectif : Débriefer votre journée de manière à augmenter la participation et l'engagement.

Résultat final : Vous vous sentez plus heureux, vous progressez sur la Courbe Verte, vous trouvez du sens à chaque journée, vous accomplissez vos objectifs.

Instructions : À la fin de chaque journée, pendant au moins les deux prochaines semaines, voire plus, posez-vous les six questions fermées ci-dessous – vous n'avez qu'un mot à répondre. Votre objectif est de progresser jusqu'à répondre oui aux six questions. Cela ne prend que deux minutes.

« Ai-je fait de mon mieux aujourd'hui pour...

- être heureux ?
- trouver du sens ?
- être totalement investi ?
- construire des relations positives ?
- établir des objectifs clairs pour la journée et le futur proche ?
- progresser vers mes objectifs sur la Courbe Verte ?

Ces questions sont des questions actives, car elles vous encouragent à reconnaître que vous êtes responsable de vos résultats, plutôt que lester votre environnement d'une performance loin d'être optimale.

« Avez-vous réalisé au moins une action PDM ? » est une question passive. « Avez-vous fait de votre mieux pour accomplir au moins une action PDM ? » est une question active. Le fait de savoir que vous serez testé à la fin de chaque journée augmente la probabilité pour que, afin d'obtenir plus de "oui", vous participiez davantage et vous vous investissiez plus. Un peu de responsabilisation, d'évaluation et de pression peuvent être utiles. Ce n'est pas un exercice facile.

Mais après tout, vous êtes un Jedi de la Réussite, n'est-ce pas ?

Pratiques avancées et travail en profondeur

- Lisez *De quelle couleur est votre parachute ?*, de Richard N. Bolles
- Lisez les quatre dernières habitudes des du livre *Les 7 habitudes de ceux qui réalisent tout ce qu'ils entreprennent,* de Stephen R. Covey
- Lisez *Réfléchissez et devenez riche,* de Napoleon Hill

- Lisez *L'éveil de votre puissance intérieure,* de Anthony Robbins
- Lisez *La cinquième discipline : L'art et la manière des organisations qui apprennent,* par Peter M. Senge
    - Lisez particulièrement les chapitres sur la maîtrise personnelle et sur l'apprentissage personnel
    - Lisez particulièrement le chapitre "Prisonniers du système, ou de nos modes de pensée ?"
- Lisez *Les singes et le manager : L'art de la délégation,* de K. Blanchard, W. Oncken, et H. Burrows
- Lisez *Tout est dans l'exécution,* de Larry Bossidy et Ram Charan
- Lisez *Théorie U, diriger à partir du futur émergent,* de C. Otto Scharmer

Si vous lisez l'anglais:
- Lisez *Harvard Business Review : Management Time: Who's Got the Monkey?,* de W. Oncken et D. Wass
- Lisez *Harvard Business Review : Managing Your Boss,* de J. Gabarro et J. Kotter
- Lisez *Harvard Business Review : Why You Didn't Get That Promotion,* de J. Besson
- Lisez *Harvard Business Review : Level 5 Leadership: The Triumph of Humility and Fierce Resolve,* de Jim Collins

Révéler et honorer le but de sa vie

> « *Le succès n'est pas la clé du bonheur. Le bonheur est la clé du succès. Si vous aimez ce que vous faites, vous serez un succès.* »
> – Albert Schweitzer, Gagnant du Prix Nobel de la Paix de 1953

J'ai rencontré Bernard, responsable d'une importante chaîne de production, dans une réunion sur un important site de production près de Paris. Il travaillait au sein de cette large entreprise internationale depuis de nombreuses années, et il avait gravi les échelons grâce à son sérieux et à sa bonne organisation.

La réunion faisait partie d'une initiative au sein de l'entreprise pour améliorer les talents de leadership de ses meilleurs dirigeants. Des centaines de cadres supérieurs venus du monde entier y participaient. La réunion se concentrait sur les résultats d'un "*feedback* à 360 degrés" anonyme effectué auprès de ses collègues pour déterminer la qualité de sa performance en tant que manager et éventuellement pour l'améliorer. Il avait été demandé à ses collègues de noter le comportement de Bernard et de décrire comment il interagissait avec les gens et les dirigeait. L'épais compte-rendu comportait des graphiques, des commentaires et des statistiques qui devaient être interprétés et discutés afin d'établir un plan de développement personnel pour Bernard. Il avait lu le compte-rendu avant notre entretien. Mon rôle était de l'aider à le décrypter, de remettre en question certains aspects de son approche et de l'aider à identifier les points qui méritaient d'être améliorés.

Bernard, bien que nerveux et incertain de l'utilité de cette approche, avait très envie de clarifier certains aspects du compte-rendu qui l'avaient surpris. Après avoir décodé la manière dont les informations étaient présentées et ce qu'elles signifiaient de manière objective, notre conversation s'est concentrée sur plusieurs domaines qui lui causaient de l'inquiétude :

Alors Bernard, qu'avez-vous appris de ce compte-rendu ?

Et bien, je vois que mes collaborateurs directs apprécient la solidité de mon management, mais mes supérieurs et mes collègues remettent en question ma motivation. Ils semblent penser que je ne fais pas le lien avec les autres départements. Je ne comprends pas ce point. Je pense faire le nécessaire.

Que disent-ils, précisément ?

Et bien, les informations de ce compte-rendu révèlent que mes collaborateurs notent positivement tous les aspects de mon leadership : Se lancer dans une vision partagée, Oser innover, Obtenir des résultats en équipe, Encourager et responsabiliser les équipes, et Diriger par l'exemple. En fait, ils m'ont très bien noté sur un indicateur de comportement spécifique, celui d'être un modèle pour les autres. Toutefois, la perception des deux supérieurs et des collègues que j'ai sélectionnés pour l'enquête est totalement différente. Pour être franc, je suis stupéfait.

Vos supérieurs et vos collègues vous ont-ils attribué des mauvaises notes dans tous les domaines ?

Non, pas du tout. Ils admettent que j'encourage et que je responsabilise les autres, et leurs commentaires reconnaissent ma contribution fiable. C'est pour cela que je ne comprends pas. Pourquoi ai-je obtenu une mauvaise note concernant ma contribution à l'innovation ? Un de mes supérieurs m'a également attribué une très mauvaise note sur ma capacité à diriger par l'exemple. En fait, on dirait qu'il me perçoit comme un mauvais exemple. Pire, à la question de savoir si je me positionne de manière à prendre en charge davantage de responsabilités, les notes sont très basses : 2 sur 5, alors que la norme des résultats à mon niveau de responsabilité est de 4 ou 5. Le même supérieur m'a aussi donné une mauvaise note pour un comportement précis, faire preuve de courage pour prendre des décisions claires. Clairement, ce supérieur ne me soutiendra pas pour une promotion. C'est une très mauvaise nouvelle ! Que se passe-t-il ?

Souhaitez-vous obtenir une promotion ?

[Il hésite.]

En fait, j'ai du mal à répondre à cette question.

Pourquoi ?

Je sais que je peux travailler dur, mais je ne vois pas un seul domaine qui m'intéresse suffisamment pour vouloir changer ou avoir davantage de responsabilités. Je fais de mon mieux dans mon travail, et je suis bien payé. Pourquoi souhaiterais-je changer cela ? Personne ne dit que je fais mal mon travail.

Prenez-vous régulièrement des initiatives et proposez-vous de nouvelles solutions ou de nouvelles approches dans votre travail ?

J'ai l'impression de le faire constamment. Pourtant, le compte-rendu démontre que mes collègues ont l'impression que je ne vais pas vers eux, et je suppose que je peux être d'accord. Je vois rarement l'intérêt de passer du temps avec eux en dehors des réunions organisées. Ils perçoivent mon équipe comme un groupe à part qui prend ses décisions seul.

Avez-vous envie de construire des relations avec eux ?

Je n'ai pas l'impression que ce soit nécessaire. Je ne suis simplement pas ce genre de personne. Mes attributions professionnelles ne le demandent pas vraiment, et je travaille vraiment mieux de manière indépendante. Je fournis le meilleur de moi-même professionnellement lorsque je suis le seul décisionnaire. Maintenant, la situation est devenue assez compliquée ici. Tout le monde parle de repousser les frontières de la collaboration, de projets transversaux, de décisions collectives... Ils disent constamment que nous ne faisons qu'un... Bon sang !

Bernard, si vous aviez une baguette magique qui vous permettait de faire disparaître tous les obstacles, où vous voyez-vous dans trois ans ?

[Il réfléchit]

Ouf, c'est une question puissante.

[Il réfléchit plus longtemps]

Je pouvais voir que Bernard luttait pour ne pas se laisser dépasser par ses émotions.

Je n'ai pas eu le courage de prendre les bonnes décisions pour moi il y a quelques années. Cela me rend triste...

Je peux voir que cela vous touche profondément. Dites-m'en plus.

Mon épouse est pharmacienne, et il y a quelques années nous avons eu une opportunité de travailler ensemble tous les deux. Elle aurait tenu la pharmacie et j'aurais géré l'entrepôt, la chaîne logistique et tout le côté administratif. Cela aurait été parfait : J'aurais pris mes décisions, j'aurais pu détecter les défauts dans tous les aspects de l'entreprise, et la voir régulièrement. J'adore me concentrer sur les petits détails, chercher les défauts – Je souhaite créer des systèmes parfaits. J'aime les systèmes, et les perfectionner est ce que j'aime faire le plus. Je serais heureux de pouvoir le faire toute la journée.

On dirait que vous êtes en train de décrire votre emploi idéal, et le meilleur type d'environnement pour vous investir réellement. On dirait que vous êtes en train de décrire le but de votre vie.

En effet, c'est ce que j'aurais dû faire, mais j'ai pensé qu'il valait mieux que l'un d'entre nous ait un emploi stable pendant que l'autre se lançait dans l'auto-entreprise.

Pourriez-vous créer ce genre de conditions ici ? Maintenant ?

[Il réfléchit longtemps]

C'est une autre question puissante. Il faudrait que je change d'attitude et que je propose à mes supérieurs de prendre en charge d'autres responsabilités. Ici, ils sont ouverts à ce genre de démarches. En fait, je pense que c'est ce que je dois faire. J'en ai assez de simplement bien faire mon travail. J'ai envie de prendre du plaisir à ce que je fais. Et si ça ne fonctionne pas, il n'est peut-être pas trop tard. Je peux peut-être encore trouver un moyen pour travailler avec mon épouse. Ouah...

Je ne suis pas payé pour vous encourager à quitter votre emploi, mais ici la question-clé est de savoir comment vous souhaitez vivre votre vie. Souhaitez-vous vivre votre vie, ou celle de quelqu'un d'autre ?

Grâce à notre conversation, je vois les choses différemment, et je perçois mieux le principal problème. Je sais que je peux fournir des résultats ; je le fais depuis des années. Mais j'ai besoin de décider ce qui est important pour moi, quel est le sens de ma vie, et ce que je suis censé faire de mes capacités. C'est bien ça ? Pas étonnant qu'ils se plaignent de moi ! Je ne me révèle pas vraiment, n'est-ce pas ? Je dois trouver mon but et m'investir totalement pour le réaliser. Ce n'est pas ce que je faisais.

Je souris.

Bernard, je pense que nous avons terminé. Avez-vous besoin de mon aide pour réaliser tout cela ?

Non, ça va. Je peux m'en occuper. Merci, Hervé. En effet, nous avons terminé.

Le magazine Harvard Business Review, à travers les travaux de Nick Craig, Scott Snook ainsi que les travaux précurseurs de Bill George, indique qu'aider les leaders à définir le but de leur vie est la clé de voûte pour accélérer leur développement et pour renforcer leur impact, dans leur vie professionnelle comme personnelle.

Après avoir passé 22 ans dans la Silicon Valley, j'ai décidé de déménager en France et de devenir un coach exécutif, à une époque où très peu de gens en Europe savaient de quoi il s'agissait. Encore moins de personnes arrivaient à gagner leur vie avec cette activité. Je passais d'une position prestigieuse en tant qu'employé au sein d'une société cotée en bourse à celle d'un inconnu faisant un métier que je ne comprenais pas entièrement, et en France. Les français ne pensaient pas seulement que j'étais fou, ils pensaient que j'étais stupide. (Et ils le pensent toujours, je le crains.)

Je savais que c'était mon rôle de partager ce que j'avais appris au cours de ces années dans la Silicon Valley et d'aider les gens à passer à un haut niveau de performance et d'humanité. J'ai pas-

> *Je m'assis à l'ombre de cet arbre parce que quelqu'un l'a planté il y a très longtemps.*
> – Warren Buffet

sé près de dix ans à apprendre à le faire. Avec le soutien de mon épouse Annick, qui a fait confiance à mes choix, même s'ils paraissaient fous, cette décision s'est avérée être la meilleure que j'ai prise dans ma vie ; et pourtant pendant cette période, j'ai vécu des moments de solitude intense.

Pourquoi ai-je pris ces décisions qui ont changé ma vie, sans savoir où elles me mèneraient ? Il y avait trois raisons à cela.

Tout d'abord, je savais ce que je devais faire de ma vie – je souhaitais absolument partager ce que j'avais appris dans la Silicon Valley (la connaissance de l'entreprise, des compétences approfondies pour la maîtrise personnelle, une compréhension spirituelle, pour n'en nommer que quelques-uns).

Ensuite, j'avais appris comment me motiver pour continuer à avancer. Plus particulièrement, j'avais appris à gérer mon mental. Je pouvais adopter la croyance selon laquelle tout ce dont j'avais besoin pour réussir se trouvait en moi-même et non à l'extérieur de moi. Je comprenais aussi que j'étais censé aider les autres, et c'est cette mission tournée vers les autres qui continue à nourrir ma motivation et mon engagement.

Enfin, je savais que j'étais capable de travailler dur et que personne ne pouvait me persuader de ne pas le faire, sinon moi-même.

Bien des années plus tard, j'ai engagé mon ami, le coach Tim Kelley, l'auteur de *True Purpose*, pour m'aider à clarifier le but de ma vie. J'avais une assez bonne idée de ce qu'il était, mais j'avais l'impression d'avoir besoin d'une formulation très précise de cette mission à un niveau plus profond, et de déterminer exactement comment je pouvais la réaliser. Les descriptions et les formulations que Tim et moi avons trouvées ensemble m'ont permis de parler de manière plus authentique, de refuser les engagements dans lesquels je ne donnais pas le meilleur de moi-même, et d'augmenter l'impact des ceux que je prenais – en somme, *de travailler moins et d'accomplir davantage*. Tim m'a aidé à trouver des mots puissants pour décrire le but de ma vie, mon travail, ma contribution et mon intention.

Je mets le feu. Rien ne me rend plus heureux que de savoir que vous, cher lecteur, pouvez réaliser une des pratiques puissantes de cet ouvrage pour obtenir un impact positif dans votre vie. Lorsque cela arrive au cours de mes séminaires, j'ai la sensation d'être touché par la grâce et d'être une personne privilégiée. Je ressens de la gratitude envers la vie pour chaque opportunité, sachant que chaque minute de mon existence est une bénédiction, la cerise sur le gâteau. Cela paraît fou ? Et bien, bienvenue au Club.

Quel est le but de votre vie ? Vos aspirations sont-elles vraiment les vôtres ?

Sans une réponse claire à la première question, il est fort possible que vous n'ayez pas vraiment choisi vos objectifs actuels. Ce n'est pas grave si certains d'entre eux sont simplement nécessaires pour le moment. Il est possible qu'ils vous soient imposés, ou qu'ils soient des nécessités ou des normes sociales. Toutefois, les objectifs de ce genre vous permettent rarement de vous lever avec entrain, avec l'envie de sauter du lit et de passer une nouvelle journée à travailler dur. Ils vous encouragent rarement à libérer votre âme sauvage et créative. Ils risquent même de tellement vous occuper que vous n'ayez pas le temps de réfléchir à cette question. Pour le moment, vous avez peut-être besoin de vous concentrer seulement sur la survie avant de commencer à prendre le temps de diriger votre vie dans une direction porteuse de sens pour vous.

Le Cycle de la Sueur et de l'Esprit est une méthodologie établie pour vous aider à rester sur la bonne voie et à produire des résultats qui valident et alimentent votre vision. Il s'agit d'un système éprouvé qui vous permet d'avancer avec un niveau d'énergie plus élevé que vous ne le pensiez possible. Toutefois, il ne sera viable que si vous identifiez d'abord votre vraie boussole. Si vous n'avez pas éclairci ce point, cette démarche ne fera que renforcer votre Voix du Doute.

Les pratiques puissantes que je vous présente, en particulier la PDM, peuvent changer votre vie instantanément, mais ce n'est pas aussi simple que cela en a l'air. Quel est le plus grand obstacle à dépasser ? C'est d'arriver à allumer votre feu intérieur et à persévérer pour être créatif dans l'art d'agir de façon proactive. Je veux vous soutenir alors que vous clarifiez le but de votre vie, car c'est à ce moment que le Cycle de la Sueur et de l'Esprit devient une spirale positive qui vous entraîne vers une existence dans laquelle vous vous épanouissez totalement.

Apprendre à révéler et nommer le but de sa vie en 5 minutes

Amazon propose près de 150 000 ouvrages pour vous aider à découvrir le but de votre vie, votre passion, et pour vous apprendre à l'accomplir. Pourtant, comme le dit Adam Leipzig, l'ancien président de National Geographic Films, « [Quatre-vingt pour cent] de mes amis très instruits ne sont pas heureux dans leur vie. Ils ne savent pas quel est le sens de leur vie. »

Cela suscite alors cette question : Qui sont les autres, les vingt pour cent restants ? Que font-ils ? Adam découvrit que ces gens avaient identifié leur mission de vie, et que chacun était conscient de cinq points. Ils savaient :

- Qui ils étaient
- Ce qu'ils faisaient
- Pour qui ils le faisaient
- Ce que ces personnes voulaient, et ce dont elles avaient besoin
- Ce qu'ils en retiraient, et comment cela les faisait évoluer

Il découvrit que ces personnes étaient tournées vers l'extérieur, et qu'elles se concentraient à contribuer, à aider les autres et à s'investir dans des causes qui avaient de la valeur à leurs yeux. Écrire et décrire son objectif de vie peut sembler compliqué, mais Adam le rend très simple. Il propose une vidéo courte sur Youtube dans laquelle il donne une présentation inspirante sur TEDxMalibu.

Pour créer votre formulation du but de votre vie, vous pouvez penser à ce que vous faites pour les autres, à ce qui est important pour vous. Voici quelques exemples pour vous donner une idée de la direction à suivre :

Vous pourriez dire :	si le but de votre vie est :
Je donne des rêves géniaux aux enfants.	*J'écris des livres pour enfants afin qu'ils fassent des rêves géniaux la nuit.*
J'aide les gens à donner le meilleur d'eux-mêmes dans leur travail.	*J'apprends à des entrepreneurs et à des personnes créatives à agir de manière décidée pour qu'ils donnent le meilleur d'eux-mêmes.*
Je crée des souvenirs magiques à travers mes photographies.	*Je capture des moments particuliers comme des mariages, des anniversaires et des remises de diplômes et je les transforme en souvenirs avec des photographies et des vidéos qui mettent ces moments particuliers en valeur, ainsi que les personnes qui y participent, pour rendre chaque moment unique.*

Il s'agit d'un travail similaire à celui demandé pour trouver votre zone d'excellence, comme nous en avons parlé plus tôt. Toutefois, ici le point important est de communiquer le but de votre vie, et de le formuler afin de vous aider à savoir quelles sont les décisions importantes que vous devez prendre. Ce travail est plus facile si vous le réalisez avec d'autres personnes qui vous soutiennent et qui ne jugent pas, car elles peuvent agir comme des miroirs et vous aider à affiner votre déclaration en vous posant des questions ouvertes, telles que :

- Qu'est-ce qui vous plaît le plus lorsque vous travaillez sur un projet stimulant ?
- Pouvez-vous décrire un moment d'authenticité totale, lorsque vous étiez pleinement vous-même ?
- Que disent les gens lorsque vous faites un travail exceptionnel ? Qu'en retirent-ils ? Qu'en retirez-vous ?

- Quel genre d'actions ou d'occupations pourriez-vous faire toute la journée sans voir le temps passer ?
- Que vous dit votre connaissance interne, votre Voix de la Sagesse ?
- Quel est le récit de votre vie ?
- À quoi vos bonnes et mauvaises expériences vous ont-elles préparé ?
- Qui êtes-vous vraiment ? Êtes-vous un Yoda ? Êtes-vous un mini Gandhi ? À qui ressemblez-vous ? Qui vous inspire, et pourquoi ?

> La meilleure façon de se trouver est de se perdre en se mettant au service des autres.
> – Mahatma Gandhi

Pour un travail plus en profondeur, je vous recommande de vous pencher sur les publications listées à la fin de ce chapitre.

En révélant le but de votre vie, vous allez commencer à chercher le meilleur moyen pour le réaliser, pour le bien des autres, et surtout pour votre propre bien. Pour être plus efficace, vous allez avoir besoin d'accéder à d'autres parties de vous-même qui peuvent vous aider, et à celles qui agissent comme des terroristes internes. Vous allez avoir besoin d'accéder à ces voix en vous qui ont toujours été là, à attendre que vous les écoutiez.

Qu'est-ce que le succès ?

Quelle est votre définition du succès ? Prenez quelques minutes pour réfléchir à cette question, puis marquez votre définition dans votre cahier *Ciel Bleu*. Vous pouvez écrire absolument tout ce que vous voulez. Vous ne pouvez rien répondre de faux à cette question. Gardez votre réponse pour vous ; elle n'est pas ouverte au débat, à moins que vous ne le souhaitiez.

> Choisis une occupation que tu aimes et tu ne travailleras pas un seul jour de ta vie.
> – Proverbe chinois

À votre réponse, j'ajouterai que le succès, c'est être pleinement vivant, et être capable d'exprimer totalement votre personnalité dans votre vie professionnelle comme dans votre vie privée. Je déclare que votre personnalité est à la source des raisons qui font que vous réussissez ou que vous échouez. Le succès implique de s'épanouir et d'utiliser votre intelligence, vos talents, vos capacités et votre créativité. L'argent, le statut, la sécurité financière, une sensation de contribution et/ou d'épanouissement ne sont que des conséquences de votre engagement total – ce sont les résultats de vos décisions et de vos actions.

Sur la Courbe Verte, nous visons davantage qu'un sentiment fluctuant de réussite ou de bonheur. Nous voulons faire l'expérience d'une sensation profonde de gratitude, nous voulons savoir qu'être vivant est fantastique en dépit de tous les malheurs et des défauts du monde, malgré toutes les erreurs passées. En cherchant simplement une sensation, on n'atteint que des solutions temporaires et des montagnes russes – heureux – malheureux – heureux – malheureux. On peut se sentir heureux en faisant du shopping, en allant voir un bon film au cinéma, en prenant des vacances, en passant une soirée entre amis ou en famille. C'est une émotion sur le moment, qui peut rapidement être remplacée par une autre lorsqu'un malheur arrive. Lorsque nous devenons capables d'être authentiques et de nous engager totalement dans notre vie, un chemin plus durable et émotionnellement plus stable nous est révélé.

Afin d'être en mesure de vous exprimer totalement, vous devez explorer et découvrir ce qui est disponible, tout ce qui compose la personne que vous êtes, au niveau conscient et au niveau inconscient. En vous se trouvent de grands atouts et de grands obstacles – il en est ainsi en chacun de nous. Être capable d'utiliser vos talents est fantastique, et il est libérateur de transformer ces pierres brutes présentes en vous en diamants. Malheureusement, la plupart de ces parties de vous sont inconnues de tous, et de vous-même. C'est pour cela que votre choix d'outils, de compétences et de possibilités est limité.

Repoussons ces limites. Dans le prochain chapitre, je vais vous présenter votre caverne d'Ali Baba – le mystère de qui vous êtes vraiment.

Pratiques avancées et travail en profondeur

- Lisez *Nos raisons de vivre,* de Viktor E. Frankl et Vincent Lenhardt

Si vous lisez l'anglais:
- Lisez *True Purpose,* de Tim Kelley
- Lisez Harvard Business Review: *From Purpose to Impact – Figure Out Your Passion and Put It to Work,* de Nick Craig et Scott Snook,
- Lisez *Discover Your True North,* de Bill George

Nourrir son Âme et son Esprit

Vivre à partir de qui je suis vraiment
Combien de fois au cours d'une carrière de dirigeant "cette chose" arrive-t-elle ?

À l'époque de cette histoire, Sébastien avait 39 ans, il était expatrié en Italie depuis 18 mois et il dirigeait là-bas une équipe de 30 personnes. Cette expérience singulière modifia profondément sa perception du management, et elle eut un impact considérable sur les membres de son équipe et sur leur comportement.

L'histoire de Sébastien

Un soir de semaine, alors que je m'apprêtais à quitter le bureau, j'ai croisé une personne d'un service voisin avec lequel mon équipe travaillait directement. Nous avons eu une discussion courte et assez philosophique sur un sujet qui me passionne : le management.

J'ai fini par lui dire qu'après 18 mois à lutter quotidiennement pour sortir de la routine dans laquelle le pays se trouvait depuis plusieurs années, j'avais été envahi d'un sentiment de tristesse et de souffrance lorsque j'avais pris conscience que j'allais un jour devoir quitter mon équipe pour me diriger vers de nouveaux horizons. Je lui expliquai que j'avais tissé des liens particuliers avec cette équipe, le genre de liens créés dans les moments difficiles et surtout, lorsque des efforts communs sont faits pour résoudre les difficultés.

« Mais pourquoi serez-vous si triste de partir pour vous tourner vers un autre projet ? » me demanda-t-il. Ma réponse fut immédiate.

« Parce que j'aime mon équipe, et que je suis attaché à ses membres. »

« L'avez-vous dit à votre équipe ? »

« Comment ? Dire à mon équipe que je l'aime ? » bafouillai-je. « C'est absurde ! »

Plusieurs semaines s'écoulèrent, puis je me retrouvai avec mon équipe dans un séminaire pour consolider notre équipe dans un loft luxueux, où nous avons passé deux jours entiers à nous concentrer sur notre capacité à initier des changements. À la fin de ces deux jours, je prononçai mon discours de clôture, une allocution que j'avais soigneusement préparée et que je prononçai d'une manière très professionnelle, académique et pragmatique.

Alors que j'arrivais à la fin de ce parfait discours managérial, je me sentis traversé par un besoin puissant :

Es-tu capable de dire "cette chose" à ton équipe, ici et maintenant ?

Mon personnage du parfait manager, que j'avais soigneusement élaboré, m'abandonna immédiatement pour laisser la place à l'état de grâce dans lequel se trouve un vrai leader.

Je mis de côté les notes de mon discours si bien préparé et je regardai chaque membre de mon équipe. Les mots que je prononçai ensuite percèrent l'air comme des flèches.

« Laissez-moi vous dire quelque chose. » L'inquiétude passa sur les visages en face de moi. Je vis des regards perplexes et de l'appréhension.

Je leur parlai de la conversation que j'avais eue quelques semaines plus tôt, en terminant par la question de mon collègue, si j'avais dit "cette chose" à mon équipe. Je leur expliquai ce qu'elle avait provoqué en moi, comment un chemin tumultueux s'était présenté avec une force immense. Je regardai chaque personne dans les yeux.

« Et maintenant, je souhaite vous dire, ici, aujourd'hui, officiellement, que je vous aime. »

Cette phrase simple et sincère changea complètement l'équilibre jusqu'alors en place. Pour la première fois dans ma vie de manager, mes mots touchèrent des personnes, les membres de mon équipe, jusqu'aux larmes. Ils étaient émus.

Pourquoi ?

J'ai pris conscience que lorsque ce n'est pas le manager qui parle à son équipe, mais *l'âme qui s'adresse à l'âme*, une nouvelle dimension s'ouvre – une nouvelle porte, qui va bien au-delà du simple cadre du management. C'est une fenêtre qui permet de développer votre équipe à l'infini. Pour que vos équipes vous aiment et vous suivent non seulement pour votre talent à gérer des situations économiques complexes, mais aussi pour votre capacité à parler avec "cette chose" dont nous sommes tous équipés : **LE CŒUR !**

J'ai pris conscience que c'était la différence entre un manager et un vrai leader.

La voix de mon âme et la voix de ma sagesse

Il y a deux voix en vous, qui sont deux de vos plus importants partenaires.

Votre voix de la sagesse s'adresse à vous lorsque vous vous retournez vers le chemin parcouru sur votre ascension de la montagne, et qu'elle perçoit le mystère qu'a été votre vie, ce qu'elle est aujourd'hui, et ce qui se passe depuis une perspective globale. Cette voix vous aide à prendre les bonnes décisions et à voir votre objectif final plus clairement lorsque vous vous sentez dépassé par les événements. Cette voix regarde en arrière, dans la vallée, et voit votre essence – la personne unique que vous êtes, votre grâce, vos valeurs authentiques et votre force vitale. Elle voit aussi votre chemin individuel, vos obstacles et les erreurs que vous avez faites par le passé. Elle perçoit que vos échecs ont un sens profond et utile, ainsi que ce que vous avez appris de ces échecs. Elle se rend également compte que vous avez déjà vécu des moments de succès incroyables. Elle perçoit ces moments fabuleux, en commençant par le miracle de votre naissance. Et surtout, elle voit la direction dans laquelle vous vous dirigez et elle peut vous aider à choisir les meilleures stratégies pour y arriver plus facilement.

Votre seconde voix, la voix de l'âme, est en contact avec votre cœur ; elle réagit à des moments de connexion intense avec les autres et à la magie de l'existence. Elle n'a pas besoin d'explication rationnelle. Vous avez accès à cette voix directement à travers vos émotions. Vous entrez en connexion profondément avec les autres simplement à travers leur regard. Ou alors, vous pouvez les écouter et ressentir leurs émotions comme si elles étaient les vôtres. L'âme est un lieu profondément authentique, où vous êtes réellement vous, sans déguisement ni faux-semblant. C'est un endroit profondément vrai. Il n'y a ni culture, ni religion, ni jugement, ni évaluation. Entrer en connexion avec son âme est un moment hors du temps. C'est le monde dans lequel les enfants vivent jusqu'à ce qu'ils apprennent à avoir peur et à se méfier.

L'importance spirituelle que vous attachez au mot "Âme" dépend de vous, de vos croyances et de votre environnement social. Lorsque votre Âme est mise de côté, vous risquez de vous sentir déprimé, perdu, misérable, et d'être terrifié par l'avenir. Une personne avec un tel déséquilibre peut paraître critique, cynique, passive-agressive, renfermée, elle peut sembler indifférente aux autres ou égocentrique. Vous verrez souvent des gens qui trouvent dans leurs distractions une façon momentanée de se relier à cet état élevé.

Atteindre la réussite (La Sueur) tout en prenant soin de votre Âme est difficile, c'est un vrai défi. Cela requiert de la concentration, de la détermination, de la volonté et de l'opiniâtreté. C'est pourquoi nourrir votre âme dans votre vie professionnelle quotidiennement et chercher des moyens plus subtils pour l'enrichir, ouvre la porte à des possibilités incroyables de satisfaction, d'épanouissement, de succès véritable, pour intégrer ses efforts et être authentique, et pour prendre soin de la chose la plus importante : Vous, en tant qu'instrument de votre mission de vie.

Honorer son Âme et son Esprit

En Inde, lorsque des personnes se saluent, elles s'inclinent et disent *"Namaste"*. Cela signifie qu'elles saluent le Dieu Shiva et la Déesse Shakti en vous. Elles honorent les énergies masculines et féminines en vous à un niveau égal. Il s'agit d'une salutation profondément significative. On salue votre plus haut potentiel chaque fois que l'on vous rencontre. Entendre : « *Je vois ta beauté et ta grandeur et je les salue* » est une manière merveilleuse de commencer sa journée. Ils se considèrent comme des dieux et des déesses – quelle belle étiquette ! Pour moi, cela signifie « *Je t'apprécie énormément et sincèrement. Tu es mon ami, mon frère, ma sœur, mon âme-sœur éternelle.* »

Notre mode de vie moderne nous pousse à nous endurcir, presque au point de ne plus ressentir notre corps, nos émotions, ni nos connexions aux autres. Nous cessons également d'écouter notre sagesse intérieure lorsque que nous nous contentons de réagir aux pressions quotidiennes, l'une après l'autre. Nous apprenons à survivre, à dépasser des événements incroyablement difficiles, à nous protéger du jugement des autres et à créer une épaisse carapace autour de nos émotions les plus vulnérables et sensibles. De cette manière, notre nature profonde reste bien cachée derrière une forteresse, et nous ne pouvons malheureusement qu'entrevoir la puissance éclatante qui réside à l'intérieur de nous.

Accéder à – je devrais plutôt dire, *se souvenir de* – notre Âme et choisir un chemin plus épanouissant demande de révéler le divin Shiva et la divine Shakti en nous. C'est la voie de la réalisation personnelle.

Apprendre à cultiver notre âme dans notre vie de tous les jours nous permet de vivre notre existence non plus comme un combat, mais comme une suite excitante de défis et d'avancées joyeuses. Il nous faut utiliser notre force intérieure pour écarter les murs qui protègent notre âme afin de devenir plus authentique, plus charismatique, et d'avoir plus de joie de vivre ; pour vivre à la fois comme nous sommes et comme nous souhaitons être. Une des étapes centrales pour cela est de libérer notre esprit des pensées toxiques et de nos addictives croyances saboteuses.

Comment pouvons-nous faire ? Nous commençons par améliorer notre capacité à :

- Apaiser le mental
- Observer nos pensées et découvrir nos croyances destructrices
- Révéler et comprendre les croyances imposées qui nous contrôlent
- Adopter les croyances qui nous sont bénéfiques
- Agir en adéquation avec le but de notre vie, nous exprimer totalement, travailler dur, contribuer et apprendre de nos erreurs.

Avec une pratique délibérée régulière, ces nouveaux comportements finissent par devenir des habitudes qui honorent votre nature profonde et votre potentiel – *Celui que vous êtes réellement !*

Penchons-nous sur une pratique fondamentale pour nourrir votre âme et pour protéger et renforcer votre force de vie. La pratique de la gratitude, c'est reconnaître ce qui nous alimente : nos dons ; nos leçons ; nos bénédictions, petites et grandes ; l'appréciation de ces moments de bonne fortune. Dans un état de gratitude, on n'envie pas, on ne compare pas ;

ce n'est pas non plus ignorer la souffrance du monde. La gratitude honore simplement le bon qui nous entoure.

Vous pouvez choisir de réaliser cette pratique pendant quelques minutes, pendant une heure, ou davantage. Je vous conseille de commencer par la pratiquer au minimum pendant dix minutes.

La pratique de la gratitude et de l'appréciation
– Adaptée d'après l'œuvre de Jack Kornfield –

Objectif : Développer votre capacité à apprécier ce que vous avez dans le moment présent et vivre dans un état de joie permanent.

Résultat final : Vous vous sentez comme un enfant, qui n'a besoin de rien pour être heureux.

Instructions : Choisissez un endroit tranquille pour vous asseoir ou vous promener. Respirez naturellement.

Prenez conscience de toutes les choses que vous avez au moment présent, et qui vous procurent un sentiment de satisfaction personnelle.

Dites, « *Je ressens de la gratitude pour [...]* »

Arrêtez-vous de parler pendant quelques secondes.

Répétez, « *Je ressens de la gratitude pour [...]* » et citez autre chose.

Arrêtez-vous encore quelques secondes.

Répétez, « *Je ressens de la gratitude pour [...]* » et listez une autre chose qui vous procure du plaisir.

> *Celui qui n'est pas occupé à naitre est occupé à mourrir.*
> – Bob Dylan

Continuez ainsi jusqu'à ce que vous ressentiez une satisfaction intense.

Voici quelques exemples pour vous aider à identifier les nombreuses bénédictions et les bienfaits présents dans votre vie :

Je suis reconnaissant pour le travail que j'accomplis.

Je suis reconnaissant que mes enfants soient en bonne santé.

Je suis reconnaissant pour la sécurité dont je jouis.

Je suis reconnaissant pour la communauté dans laquelle je vis.

Je suis reconnaissant pour ce que j'ai appris à faire.

Je suis reconnaissant pour la relation que j'entretiens avec ____.

Je suis reconnaissant pour les voyages que j'ai effectués.

Je suis reconnaissant pour mon amitié avec ____.

Je suis reconnaissant pour la vie qui m'a été donnée.

Je suis reconnaissant pour l'amour et la tendresse de mes aînés et de mes ancêtres.

Faire la paix avec la Voix du Doute

*L'Ego dit : « Une fois que tout sera en place,
je trouverai la paix. »
L'Esprit dit : « Trouvez votre paix et ensuite tout
se mettra en place. »*

– Marianne Williamson

Chère Voix du Doute, je veux te remercier pour ta patience incroyable et pour la liberté que tu nous as laissé jusque ici. À présent, il est normal que nous te donnions l'opportunité de t'exprimer. Tu as beaucoup de choses à dire, à demander, et nous savons qu'il est essentiel que tu sois entendue.

Peut-être que tu ne voudras croire que ce que tu verras, sentiras et toucheras. Il serait décevant de nourrir des attentes pour te rendre compte qu'il s'agissait de fausses promesses, une fois de plus. Tu as peut-être été déçue par le passé, et tu ne veux pas avoir à supporter une nouvelle mauvaise expérience.

Tous les doutes qui émergent de cette partie de vous doivent être considérés. Même plus, avant d'atteindre un haut niveau de performance, il est utile de considérer vos suppositions et votre certitude afin d'éviter, justement, les fausses certitudes. Vos doutes deviennent un moyen de renforcer votre plan, de faire attention aux signaux d'échecs et de ralentir pour mieux vous préparer.

Oui, mais...

Oui, mais je ne pense pas que ça puisse être fait.

Oui, mais qu'y-a-t-il de mal à se détendre ?

Oui, mais c'est trop américain. Ce n'est pas comme ça que nous faisons les choses ici, dans ma culture.

Oui, mais cela me stresse et je ne veux pas être plus anxieux dans ma vie en ce moment.

Oui, mais vous ne voyez pas à quel point je suis occupé ?

Oui, mais comment trouverais-je le temps pour cela ? Je ne trouve même pas le temps de me reposer suffisamment.

Oui, mais si c'est si simple, pourquoi si peu de gens le font-ils ?

Oui, mais je me connais – je me motive, j'achète de quoi apprendre, et je finis par ne rien faire du tout.

Oui, mais ce n'est pas ainsi que je procède. Après tout, de nombreuses actions sont accomplies sans avoir eu besoin de déterminer des objectifs.

Oui, mais l'argent ne fait pas tout. Le plus important, c'est d'être heureux. Je n'ai pas besoin de tout ça. J'ai simplement besoin d'être heureux dans le moment présent. Maintenant.

Votre liste de doutes est peut-être très longue. Vos doutes cherchent-ils à trouver la bonne manière pour vous d'accomplir ceci ? Ou bien cherchent-ils à défendre votre non-action ? À vous de décider.

Étude de cas

Ma cliente J, une jeune comptable prometteuse et partenaire d'un grand cabinet à Paris, m'appela pour me parler d'une décision qu'elle s'apprêtait à prendre. Son cabinet lui avait proposé d'acheter plus de parts de la société. C'était un grand honneur, et aussi une incroyable opportunité pour elle d'obtenir une place au conseil de direction. Au départ, elle envisageait d'acheter toutes les parts disponibles, puis elle a ensuite décidé d'en acheter moins. Elle admit qu'elle avait des doutes, et mentionna que les choses ne se passaient pas très bien au bureau ces derniers temps. Elle avait été déçue qu'un autre collaborateur ait été choisi pour travailler avec un client important. Elle l'avait vécu comme une humiliation.

Vous aviez l'air stimulée par cette proposition. Ce n'était pas le cas ?

Si, mais... C'est une grosse somme d'argent pour moi, et je souhaiterais réduire mes risques. Je suis aussi frustrée par la manière dont les choses sont gérées ici.

Que se passera-t-il si vous achetez beaucoup moins de parts ?

Et bien, je prendrai moins de risques financiers, et je pourrai ainsi observer si j'ai eu raison ou non. Je continuerai à faire mon travail et je laisserai ces requins diriger le cabinet. Et au moins, j'éviterai à coup sûr une nouvelle humiliation.

Que se passera-t-il si vous achetez toutes les parts disponibles ?

Et bien, je serai évidemment beaucoup plus investie dans l'entreprise, et je m'assurerai d'avoir bien placé mon argent. Je ne laisserai aucun idiot me marcher dessus et risquer d'entraîner le cabinet dans une mauvaise direction. Je poserai des questions sur tout, et j'attendrai de bonnes réponses. Je me battrai pour assister aux réunions importantes, pour m'assurer d'avoir mon mot à dire sur toutes les décisions importantes qui sont prises. Je...

Et bien, je vois que votre niveau d'énergie est élevé actuellement.

Absolument ! Je serai proactive, je planifierai et je m'investirai pour cette entreprise.

Est-ce qu'acheter toutes les parts vous paraît une meilleure option ?

Elle fit une pause.

Ah, je comprends. Quel que soit mon choix, je me comporterai de manière à justifier que j'ai pris la bonne décision.

Oui. Et... ?

Je créerai ma propre réalité. J'apprendrai clairement plus que si je prenais moins de risques. Mais il s'agit d'une grosse somme d'argent !

C'est un facteur important, mais est-ce votre préoccupation principale ?

Elle hésita.

Non. Je dois décider si je dois me lancer ou non.

C'est correct. Et en vous comportant comme vous prévoyez de le faire, allez-vous rentabiliser votre argent ?

Ah, oui, je vois. Je m'assurerai de faire tout le nécessaire pour rentabiliser la somme investie, et pour gagner davantage. Il s'agit d'une spirale positive.

Vous sentirez-vous découragée, lorsque vous ressentirez parfois de la frustration, de la déception ou de l'humiliation ?

Et bien, je vais devoir apprendre à gérer mes émotions pour ne pas les laisser impacter mes décisions. Je ne serai pas une observatrice ; je serai une participante active.

C'est important que vous ayez des doutes et que vous y accordiez de l'importance, afin d'envisager la situation sous tous les angles.

Ma cliente J décida d'acheter plus de parts. Identifier ses doutes et prendre le temps de peser ses options fut très utile pour elle. La bonne chose à faire était de demander conseil, d'en discuter avec quelqu'un en qui elle avait confiance et qui pouvait la soutenir afin d'affûter sa décision. Avoir des doutes n'est pas un problème, tant qu'ils sont suivis par l'analyse claire des avantages et des inconvénients d'une décision. J est passée d'une réaction émotionnelle à une décision claire, rationnelle, réfléchie et confiante.

Quoi que vous décidiez, ce sera la bonne décision. Quelle qu'elle soit, vous trouverez de nombreuses raisons valides pour appuyer votre décision. Si vous voulez prendre moins de risques, vous aurez raison. Si vous voulez jouer plus gros, vous vous comporterez d'une manière qui confirmera que vous avez eu raison. Quelle est la vérité profonde en vous ? Quelle voix en vous va décider ? À vrai dire, si vous avez lu ce livre jusqu'ici, soit vous aimez vraiment lire pour enrichir votre intellect, soit vous avez déjà décidé de réussir depuis longtemps. Cet ouvrage et moi-même vous fournissons simplement des moyens pour arriver à vos fins.

L'exemple ci-dessus illustre comment nos croyances impactent nos décisions, et comment nos décisions induisent notre comportement. Nos comportements créent ensuite les faits et les résultats qui prouvent que la décision que nous avons prise était la bonne. C'est ainsi que nous créons soit une spirale positive de succès, soit une spirale négative de résultats décevants. Nos croyances créent notre expérience et notre réalité. Le Cycle de la Sueur et de l'Esprit est une spirale positive – pour qu'elle continue dans ce sens, vous devez détecter le plus tôt possible vos risques de dérapage. C'est pourquoi tous les niveaux logiques présentés dans cet ouvrage doivent être en accord, et avoir du sens. C'est pour cela que dans la suite de ce chapitre vous allez commencer à observer vos propres croyances et reconnaître comment elles influence la réalité que vous créez.

Beaucoup de mes clients en position de pouvoir tombent dans le piège de la certitude. La plupart n'ont jamais vraiment fait l'expérience de l'échec et ont souvent été considérés comme les meilleurs dans leur domaine pendant toute leur vie. Enfin, jusqu'à ce qu'ils rencontrent des problèmes complexes, qui ne peuvent tout simplement pas être résolus avec l'intelligence d'une seule personne, mais avec l'intelligence collective d'un groupe. Ou lorsqu'ils ont besoin de changer leur approche pour passer de leaders-locomotives à devenir des leaders-coachs empathiques.

Dans ces moments-là, ces leaders échouent lamentablement, encore et encore. Pire, ils reprochent leurs échecs à d'autres personnes et manquent des opportunités d'apprendre de ces expériences. Ils n'échouent pas par ignorance. Ils échouent parce qu'ils ignorent leur ignorance. C'est à ce moment que la Voix du Doute est utile.

> La liberté ne se trouve pas dans la certitude mais dans la sagesse d'observer et d'accueillir la vie telle qu'elle est.
> – Jack Kornfield

Coacher des individus en position de pouvoir ou avec un gros potentiel, c'est d'abord leur apprendre l'importance de la connaissance de soi : les faire embarquer sur un voyage vers la découverte de soi-même, pour révéler les angles morts, les zones d'ombre et les talents cachés. Cette pratique, une nouvelle habitude à adopter pour toute sa vie, nous permet d'apprendre à regarder nos responsabilités, à reproduire les bonnes actions et à observer nos erreurs avec humilité. C'est ainsi que les Jedis apprennent à prendre de bien meilleures décisions et à créer des liens forts avec les autres, et avec eux-mêmes.

Comment commencer à vous connaître de manière plus profonde ? Penchons-nous maintenant sur cette question.

Découvrir sa grotte d'Ali Baba

Le seuil de porte du temple de la sagesse est de prendre connaissance de notre propre ignorance.

– Benjamin Franklin

Les psychologues américains Joseph Luft et Harrington Ingham proposèrent un diagramme très utile pour explorer et comprendre les différentes parties de l'esprit conscient et inconscient, appelé "La fenêtre de Johari". Ce diagramme présente quatre zones : la zone publique, la zone aveugle, la zone cachée et la zone inconnue.

La zone publique représente les comportements, les émotions, les valeurs et les préférences que vous acceptez de partager avec les autres. Les autres les perçoivent en nous. C'est la zone qui est présentée dans nos relations et dans nos collaborations. Nous pouvons également appeler cette zone le *Soi Dévoilé*.

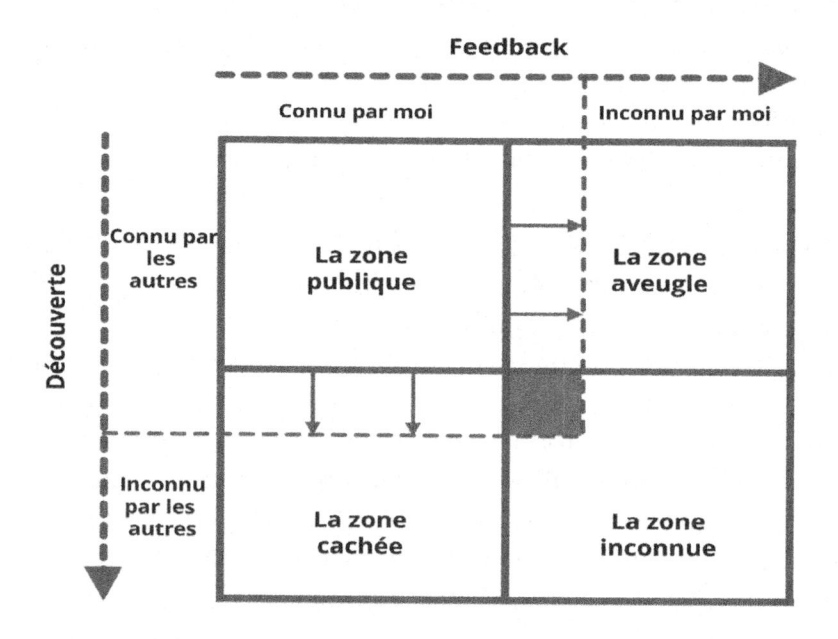

	Connu par moi	Inconnu par moi
Connu par les autres	La zone publique	La zone aveugle
Inconnu par les autres	La zone cachée	La zone inconnue

Feedback →
Découverte ↓

La zone aveugle est la zone qui concerne les choses que les autres connaissent de nous, et que nous n'appréhendons même pas nous-même. Il s'agit de l'impact, positif ou négatif, que nous n'avons pas conscience de créer.

> *La bienveillance peut être trouvée dans tous les groupes, même ceux qu'il serait facile de condamner.*
>
> – Victor Frankl

Se rendre compte de cette zone en nous provoque un malaise lorsque nous réalisons que parfois nos paroles, nos actes et nos comportements ne suivent pas nos règles et nos valeurs personnelles. Nous blessons les autres, parfois profondément, bien que ce ne soit pas notre intention. Nous vivons notre vie sans nous douter que nous créons du chaos autour de nous.

Inversement, nous créons du bonheur alentour et nous n'en avons pas conscience non plus. Pour cette raison, nous avons très peu de chances de modifier, d'améliorer ou de répéter les comportements corrects. Nous pouvons également nommer cette zone le *Soi Aveugle*.

Vous pouvez réduire cette zone en demandant du *feedback* à des amis ou à des collègues de confiance. Lorsqu'on nous donne un *feedback* de manière structurée, cette nouvelle information devient utile et précieuse, et elle nous aide à comprendre notre impact. Dans un environnement riche en *feedback*, les personnes sont en mesure d'ajuster et d'améliorer constamment leur impact. Il en résulte une plus grande confiance, une collaboration plus profonde et une meilleure créativité. Il s'agit d'une étape nécessaire pour obtenir de grandes performances, chez les individus et dans les équipes. Un manager ou un coach efficace aide à créer un environnement favorable, dans lequel les gens n'ont pas peur de s'exprimer, de parler des problèmes et de demander des changements. Ce processus accélère votre progression sur la Courbe Verte.

La zone cachée est l'endroit que nous gardons secret. Cette zone, que nous pouvons aussi appeler le *Soi Caché* est ce que nous contrôlons et que nous pouvons révéler dans des circonstances favorables. Révéler ces éléments privés de votre personnalité peut grandement augmenter la confiance et la créativité au sein d'un groupe. Bien sûr, cette démarche ne fonctionne pas à sens unique : vous ne pouvez vous dévoiler que si les personnes en face de vous sont prêtes à vous accepter comme vous êtes, et vice-versa. Conserver un regard positif inconditionnel à l'égard des autres aide les personnes à se révéler et à créer des relations interpersonnelles plus sincères.

La zone inconnue, elle, est inconnue de tous – de vous comme des autres. Ce *Soi Inconnu* est la zone dans laquelle nous ignorons ce que nous ignorons ; dans laquelle nous n'avons pas conscience de notre ignorance. Pour nous exprimer totalement et en toute puissance dans notre vie, nous devons découvrir ce qui nous en empêche, et cela suggère un apprentissage, des essais, des expérimentations et des expériences. Ces blocages cachés dans notre esprit peuvent trouver leur source l'environnement hostile où nous évoluons, dans nos habitudes improductives, ou bien dans notre ignorance à repérer les comportements qui détruisent nos chances de bien collaborer avec les autres ; par exemple, un manque de capacités ou de connaissances, des croyances qui nous sabotent, des valeurs floues et/ou un manque d'objectifs.

Bienvenue du Côté Obscur de la force, cher Jedi du Ciel Bleu. Cette zone est bien plus grande que le diagramme ne le suggère, car elle contient le soi inconscient et l'inconscient collectif. Une partie de cette zone est partagée avec le soi inconscient des autres.

> *Votre vision ne deviendra claire que quand vous pourrez regarder dans votre propre coeur. Celui qui regarde vers l'extérieur rêve, celui qui regarde à l'intérieur s'éveille.*
>
> – Carl Yung

Nous sommes impactés de manière invisible par la psyché de ceux qui nous entourent.

La plupart des coachs exécutifs dans le monde demandent à leurs clients d'utiliser le MBTI ou un autre instrument psychométrique reconnu dans le domaine de l'étude de la personnalité. Débriefer le profil obtenu avec le coach aide à explorer vos comportements dans un contexte ordinaire ou dans un environnement contraignant, à identifier vos préférences psychologiques naturelles, et à découvrir les approches des autres auxquelles vous n'auriez peut-être jamais pensé seul. Cette pratique vous aide à décoder vos comportements et à découvrir la source de nombreux conflits dans le domaine professionnel ou personnel. Un de mes clients m'a récemment déclaré : « *Je n'avais pas réalisé à quel point devenir conscient change tout.* » Ce travail est capital pour votre réussite.

Le développement personnel est un processus visant à élargir le Soi Dévoilé, à repousser les limites du Soi Obscur, à dévoiler les éléments cachés dans le Côté Obscur et à développer et maîtriser les parties connues de votre personnalité. Avec le temps, vous prendrez conscience qu'il s'agit d'une vraie caverne d'Ali Baba, remplie de démons, mais aussi de bijoux, de diamants et de tapis volants.

Arrêter son saboteur interne

L'infortune, tout autant que le bonheur, nous inspire à rêver.
– Honoré de Balzac

Vous souvenez-vous de Christophe, dans le premier chapitre, notre propriétaire de restaurant qui se demandait quelle était sa prochaine étape ? Il avait convenu que ses objectifs étaient de calmer son mental, de clarifier ses objectifs réels et de comprendre les mécanismes auto-imposés à la source de son manque de confiance en lui. Il avait aussi convenu qu'il devait clarifier le but de sa vie et identifier les valeurs sur lesquelles il souhaitait fonder son existence. Aujourd'hui, il dirige avec succès cette grosse entreprise de construction.

Ce type d'exploration est un long processus. Le changement n'est pas instantané. Il n'existe pas de recette miracle pour l'accélérer.

Atteindre le succès de manière construite implique d'apprendre les capacités nécessaires, et de contrôler le puissant saboteur interne coincé dans votre zone cachée. Celui-ci se nourrit des croyances limitatives inconscientes à l'œuvre dans votre psyché, suite à des événements traumatisants ou à l'endoctrinement de votre environnement.

Un premier pas salutaire consiste à s'entourer de personnes qui vous encouragent et vous donnent un *feedback* structuré. Éliminer les critiques conscientes ou inconscientes autour de vous est une autre étape très significative.

Gardez à l'esprit que cela ne remplace pas le travail psychologique profond souvent nécessaire, car certains fonctionnements de votre psyché pourraient nécessiter du temps et des efforts avant d'être mis en lumière.

Voici quelques pratiques susceptibles de vous aider à trouver le chemin vers la sortie de la caverne.

La pratique d'observer ses croyances
– Adaptée d'après l'œuvre de Harry Palmer, de Avatar EPC –

Objectifs : Examiner vos croyances et découvrir comment elles impactent votre réussite.

Résultat final : Vous découvrez vos processus mentaux internes, vous restructurez vos décisions, vous modifiez positivement votre réalité avec de nouveaux choix.

Instructions : Dans votre carnet, notez entre trois et cinq observations sur :

- Vos croyances sur vous-même
- Vos croyances sur votre famille
- Vos croyances sur l'argent
- Vos croyances sur votre environnement proche (vie sociale)
- Vos croyances sur votre travail
- Vos croyances sur votre capacité à créer la réussite
- Vos croyances sur l'avenir.

Pour chaque croyance que vous décrivez, notez si vous la percevez comme encourageante (notez un E) ou limitative (notez un L).

À présent, donnez une note entre 1 et 10 à ces croyances – 10 pour une croyance que vous estimez être totalement vraie, et 1 pour une croyance sur laquelle vous nourrissez de nombreux doutes.

Ensuite, observez si cette croyance provient de vous ou d'ailleurs – Avez-vous choisi de la croire, ou cette croyance vous a-t-elle été imposée ?

Méditez sur ce que vous apprenez sur vous-même. Comment ces croyances ont-elles un impact sur vos comportements et sur votre capacité à créer votre avenir ?

Arrêter les saboteurs autour de vous

La pratique d'observer ses croyances et ses comportements passés vous a peut-être révélé à quel point vous êtes devenu un ennemi pour vous-même. Vous allez découvrir que prendre la responsabilité de ce qui vous arrive est le moyen le plus sûr pour vous libérer et devenir plus créatif. Il est évidemment plus simple de le faire lorsque vous vous entourez de personnes qui vous soutiennent et vous écoutent, qui remettent respectueusement vos choix en question, et qui vous demandent comment elles peuvent vous aider. Les personnes qui exigent de vous l'excellence sont vos vrais amis. La plupart d'entre eux sont des Jedis du Ciel Bleu, comme vous.

Toute cette démarche peut devenir inutile si vous êtes entouré de personnes aux comportements toxiques : ceux qui critiquent constamment, qui adorent les « Oui, mais... », qui rabaissent les autres ou leur manquent de respect, qui accaparent votre attention en se plaignant constamment, les âmes brisées qui vous blessent, ceux qui se moquent de vos idées, les personnes obnubilées par un problème particulier qui insistent pour que vous le soyez aussi, etc. Le malheur aime la compagnie, aussi ces personnes se sentiront-elles soulagées de vous voir les rejoindre, justifiées dans leur comportement. Vous serez souvent confronté à ces brigands modernes dont la seule raison d'être est de partager le malheur et le mal-être.

Ces saboteurs abuseront de votre compassion et de votre gentillesse. Vous aurez peut-être besoin de temps pour découvrir ce qui vous arrive.

Je parler sans prendre de gants, car nous avons à présent développé une relation de confiance sincère :

Vous devez éliminer ces comportements de votre vie. Définitivement!

Faites tout le nécessaire pour cela, sans la moindre tolérance. C'est à ce moment que votre Voix de la Force se réveille, devient vigilante et protège vos valeurs et votre âme. C'est à ce moment que le Jedi du Ciel Bleu met fin à la maltraitance. Il vous sera possible de trouver des alliés pour vous aider à y voir clair et rassembler votre courage, et pour soutenir vos décisions puissantes.

Utilisez des outils comme les sabres du Jedi : le *feedback* direct, exprimer des demandes claires pour que le comportement cesse, mettre un terme à la relation, ou même changer d'emploi. Prévoyez, communiquez clairement, prévenez de vos intentions, et agissez.

Bienvenue au Club !

Mon histoire personnelle

En 1994, mon père devint un temps le Premier Ministre intérimaire de la République du Congo (Brazzaville). Après 25 ans d'exil à travailler pour les Nations Unies, il fut invité à rentrer dans son pays d'origine pour organiser les premières élections libres du Congo l'année suivante. Le parlement le choisit car il était à ses yeux la seule personne neutre et crédible entre les deux partis politiques en compétition. À l'époque, j'étais le directeur de l'infrastructure en informatique et en télécommunications de Xerox PARC à Palo Alto, en Californie.

Après vingt-cinq ans en exil à travailler pour les Nations Unies, mon père fut invité à rentrer dans son pays d'origine. Le président de la République actuel était un ami de longue date de mon père ; ils avaient grandi ensemble. Je le connaissais depuis tout petit. C'était une personne charismatique et convaincante. Lorsque je visitai Brazzaville au Congo pendant une semaine, le président nous invita à déjeuner le dernier jour de notre voyage. Quel honneur ! Ma femme Annick, ma fille de deux ans, Pauline, mon père et moi allions manger en privé avec le chef du gouvernement ! La réalité fut moins prestigieuse, lorsque nous vîmes le nombre oppressant de gardes du corps, de tanks et de militaires armés de mitraillettes et de bazookas qui gardaient la maison.

Alors que nous discutions de l'infrastructure congolaise et de ce qui était nécessaire pour pouvoir contrôler les élections, je proposai de créer un système informatisé pour contrôler les cartes d'électeurs et les cabines de vote, qui relierait tous les bureaux de vote du pays par satellite. Le même système pourrait être utilisé par la suite, expliquai-je, pour contrôler les cartes d'identité nationales et militaires. Le président fut impressionné.

Deux semaines plus tard, de retour aux États-Unis, je reçus un contrat qui nommait mon entreprise comme le seul fournisseur des cartes d'identité nationales et militaires ainsi que des cartes d'électeurs du Congo. J'avais à peine six mois pour mettre tout le système en place. J'avais immédiatement besoin de millions de dollars pour tout organiser – le système, l'équipe, les fournisseurs, etc. C'était une période stimulante !

Je repérai rapidement des investisseurs à Los Angeles. Un fournisseur de cartes canadien proposa de rencontrer des représentants du gouvernement canadien pour aider à financer et à structurer le projet. Le projet était si solide que les autorités internationales décidèrent rapidement de s'y associer.

Puis un soir, je reçus un appel téléphonique. C'était une menace de mort. Un Français m'appela, demandant à savoir comment j'avais réussi à obtenir un tel contrat et pourquoi je n'utilisais pas les fournisseurs "officiels" congolais et français. Je réalisai alors que les enjeux étaient en effet très élevés. J'avais à présent besoin de gardes du corps !

Un mois plus tard, j'appelai mon père pour lui communiquer nos progrès jusque-là : nous étions prêts à aller au Congo pour créer l'équipe principale qui dirigerait le programme. Il était incroyablement stimulant de travailler pour un projet si significatif. À mon grand étonnement, il me dit :

Hervé, ne fais rien.

Comment ?

Nous ne pouvons pas continuer.

Pourquoi ? Tout est en place ! Nous avons des douzaines de personnes prêtes à partir !

Hervé, je ne te dirai qu'une chose. Le Président a une relation sexuelle avec la Ministre des finances. Il a laissé à son entreprise le contrôle de la plupart des infrastructures de télécommunications du pays. Avec un tel niveau de corruption et un tel manque de valeurs fondamentales, rien n'est possible. J'ai bien peur de devoir démissionner dès la fin des élections et de quitter le pays. Je compte refuser toutes les positions qu'ils me proposeront.

J'étais stupéfait. *Game over.* La corruption et des histoires de sexe avaient fait échouer ce qui aurait été un projet incroyable. Il n'y avait aucun moyen de faire confiance au processus décisionnel de ce gouvernement. Nous acceptâmes à contrecœur que ce genre de personnes et d'éthique ne pouvait soutenir la construction d'un pays meilleur. Par la suite, mon père refusa de nombreuses offres de positions-clés, et je cessai également toute communication entre le président et moi.

J'ai rencontré des situations similaires de corruption sexuelle au cours de ma vie en fréquentant des personnes au pouvoir politique ou professionnel. Ce président de la République du Congo, vieil ami de mon père, fut réélu, mais le pays fut englouti dans des guerres internes. La guerre civile dura des années et dévasta le pays. Le parti de l'opposition, principalement composé de militaires, gagna la guerre et le président fut destitué et condamné. À présent, ce pays est devenu l'un des plus pauvres au monde, malgré ses vastes ressources naturelles.

Le nouveau gouvernement condamna mon père pour vol et corruption, et refusa de payer sa retraite. Pourquoi ? Parce qu'il était si populaire qu'ils craignaient qu'il ne revienne, maintenant que le président n'était plus là, et qu'il ne prenne leur place.

Pourquoi était-il populaire ? Parce que les gens pouvaient avoir confiance en lui, et parce que son comportement reflétait ses valeurs personnelles. Mon père choisit de prendre sa retraite en France et il refusa de parler du Congo avec quiconque pendant des années. Il se sentait trahi, il était profondément déçu.

Mon père est décédé il y a quelques années. Il était respecté pour son intelligence, pour l'amour qu'il portait à son pays et pour son honnêteté indéfectible – c'était un homme fort. Grâce à lui, j'ai appris les principes fondamentaux de l'intégrité et à respecter mes principes.

Par la suite, j'ai dû lutter contre la manipulation, la coercition et les abus dans ma propre famille. Je n'aurais jamais imaginé que ces événements passés me prépareraient aux incroyables difficultés que je dus affronter au sein des miens. Je dus leur faire face et dire : « Non ! Ça suffit ! Cela s'arrête ici, maintenant, et pour toujours ! »

Ce fut difficile, car mon attitude confiante et empreinte de compassion devint mon ennemie –trop douce et compréhensive. Les brutes existent, et malheureusement, certaines doivent être poursuivies et éliminées de votre vie. C'est ce que fait un Jedi du Ciel Bleu.

À présent, y-a-t-il autre chose, bien au-delà du Ciel Bleu ? Le prochain chapitre vous invite à envisager une connexion encore plus profonde avec ce qui est.

Pratiques et concepts avancés

- Lisez *L'Intelligence émotionnelle*, de Daniel Goleman
- Lisez *Gagner dans l'entreprise*, de Dorothy Jongeward et Philip Seyer
- Lisez *Des jeux et des hommes*, de Eric Berne

Si vous lisez l'anglais :
- Lisez *Ecstasy, Understanding the Psychology of Joy*, de Robert Johnson§
- Lisez *Owning Your Own Shadow: Understanding the Dark Side of the Psyche*, de Robert Johnson

Se relier à un état suprême

Les nuages symbolisent les linceuls de Dieu.

– Honoré de Balzac

Mon histoire personnelle

À la fin de la première soirée du séminaire sur le leadership personnel au Ranch Jacumba, notre meneur d'atelier nous demanda de sortir et de remercier le désert de nous accueillir. Mon esprit pragmatique d'ingénieur n'était pas ouvert à l'idée de parler au désert, au milieu d'une nuit glacée. Je trouvais le concept étrange, et l'athée en moi luttait contre l'idée de réaliser n'importe quel rituel religieux. Toutefois, je décidai qu'il serait au moins poli de remercier les scorpions et les lézards.

Je sortis dans l'obscurité glaciale, trouvai un gros rocher et m'assis dessus. Il faisait nuit noire, tout était silencieux, loin des bruits de la ville. J'appréciai le calme de l'endroit et les lueurs distantes dans la vallée au-dessous. Les mots me vinrent d'eux-mêmes.

« *Merci de m'accueillir. Merci pour la paix que vous me procurez. Je suis vraiment reconnaissant d'être ici, et d'apprendre qui je suis profondément.* »

Je m'arrêtai. Une meute de coyotes se mit à pousser des hurlements plaintifs quelque part derrière moi, et l'écho résonna dans les montagnes. Les chiens de la ville dans la vallée y répondirent, mélangeant leurs cris à ceux des coyotes. Je fus parcouru de frissons, et en même temps je me sentis accueilli. Le timing était étonnant. Je n'entendrai plus de hurlements au cours des douze jours que je passerai encore là-bas. Je retournai au ranch avec une conviction renouvelée :

Il y a quelque chose ici qui m'écoute.

Là, je fus initié à la méditation, au pouvoir des rituels, à la psychologie symbolique, à la notion d'inconscient collectif développée par Carl Jung, à l'interprétation des rêves et à l'imagination active. Dans cet environnement sécurisé et sans perturbation, je sentis que je pouvais partager des histoires très personnelles et difficiles avec le groupe. Je me sentis soulagé de le faire, et je commençai à m'exprimer de manière de plus en plus authentique. Je pouvais dissiper les nuages de mon ciel et me découvrir. Cette démarche soignait mon mental. Elle soignait mon âme.

Le danger lorsqu'on regarde constamment à l'extérieur de soi pour trouver des preuves de réussite, c'est de risquer d'oublier que le point de départ, et peut-être même le point d'arrivée, consiste à faire la paix avec qui on est et qui on a été, sans prendre en compte son statut social. Lorsque vous vous acceptez tel que vous êtes, le ciel est bleu, et vous pouvez décider consciemment d'assumer qui vous voulez devenir.

Au cours de ce séminaire, j'appris beaucoup sur la compassion et sur l'amour inconditionnel. Au fil des jours, de nombreuses coïncidences se succédèrent, au point que mon esprit rationnel cessa bientôt de chercher à expliquer ces événements. Je demandais à Lynn, l'animatrice de notre séminaire, comment il était possible que je tire cinq fois la même carte dans un paquet, en tirant au hasard. « Est-ce que tu comprends ? » fut sa réponse. Je ressentis que je pouvais entamer le dialogue avec quelque chose d'extérieur à moi qui participait constamment. J'avais toujours ressenti intuitivement une présence supérieure, surtout dans les moments difficiles ou de grande solitude, mais cette fois elle était réelle – tangible.

J'en avais la preuve.

Cela me permit de comprendre de quoi parlent les religions à un niveau fondamental. Où que vous soyez dans le monde, des personnes se réunissent pour méditer ensemble, pour chanter ou pour prier. C'est le cas depuis la nuit des temps. Ces personnes se connectent à un sens de la vie plus profond, à quelque chose qui nous relie tous. Chacun parle de pardon, d'amour et de tolérance.

Cette paix intérieure, cette conscience que chacun de nous fait partie d'une phénomène plus grand, contribue profondément à une sensation de joie plus intense. Cette connaissance est un moteur nécessaire pour diriger votre vie au quotidien, pour vous réveiller chaque matin avec détermination et pour organiser votre vie de manière à ce qu'elle soit pleine de sens, bien au-delà de la sécurité financière. Il s'agit de développer votre rythme interne.

Je ne me permettrai pas de vous conseiller une pratique particulière, car le sujet est très délicat. Toutefois, je vous conseille fortement d'explorer la relation que vous entretenez avec une présence supérieure, une sorte de phénomène quantique, de faire confiance à votre intuition profonde et si vous le pouvez, de choisir votre chemin spirituel en dehors de la pression de votre environnement social. Il existe de nombreux groupes dans votre région que vous pouvez rejoindre pour explorer et apprendre en toute sécurité. Il faut que ce soit vous qui décidiez de le faire, et non pas que vous vous y sentiez forcé.

Il existe de nombreuses manières à travers le monde pour se relier à un soi plus élevé : la danse, le chant, la prière, s'asseoir en cercle avec des amis, la méditation ... Depuis des générations, les gens se servent de la méditation pour réduire le stress et les fluctuations émotionnelles. En fait, une étude remarquable menée par le General Hospital du Massachusetts a révélé que seulement huit semaines de méditation peuvent contribuer à se sentir plus apaisé et à produire des modifications dans plusieurs zones du cerveau associées à la mémoire, à l'empathie, à l'estime de soi et à la régulation du stress.

Certains méditants aspirent à faire baisser leur pression artérielle et à mieux dormir. Les uns cherchent à être soulagés de la peur, de la colère ou de pensées douloureuses. D'autres à mieux se comprendre, à développer leur intuition ou à améliorer leur concentration. La plupart s'accordent à dire qu'ils en retirent des avantages dans tous ces domaines – physique, mental, émotionnel et spirituel.

Une pratique simple de méditation (accessible à tous)

Objectif : Calmer son mental, se connecter à son essence, observer ses pensées et se concentrer pour s'en libérer.

Résultat final : Vous faites l'expérience d'une connexion plus profonde avec ce qui est ; vous ressentez de la joie, une sensation de renouveau, vous vous sentez reposé.

Instructions : Asseyez-vous confortablement, le dos droit. Respirez naturellement. Je vous conseille de commencer par réaliser cette pratique pendant un minimum de 10 minutes, et d'augmenter jusqu'à 20 minutes. Pour les personnes expérimentées, cette pratique peut durer des heures.

Concentrez votre attention sur votre respiration, sur chaque inspiration et expiration. Essayez de respirer normalement.

Lorsque vous remarquez que votre esprit vagabonde (comme il le fera inévitablement, encore et encore,) ramenez votre attention avec douceur sur votre respiration, et recommencez.

Cette pratique consciente porte le nom de Vipassana, ou méditation intérieure.

Pratiques avancées et travail en profondeur

- Lisez *La Prophétie des Andes,* de James Redfield
- Lisez *Le livre des coïncidences,* de Deepak Chopra

Si vous lisez l'anglais :

- Lisez *Call to Connection: Bringing Sacred Tribal Values Into Modern Life,* de Carole Kammen et Jodi Gold
- Lisez *Inner Work: Using Dreams and Active Imagination for Personal Growth,* de Robert Johnson

Quelques mots sur le courage et être au service des autres

C'est à chaque homme de décider s'il marchera dans la lumière de l'altruisme créatif ou dans les ténèbres de l'égoïsme destructeur. Voilà le jugement. La question la plus persistante et urgente de l'existence est celle-ci : Que faites-vous pour les autres ?

– Dr. Martin Luther King

Nos peurs les plus profondes

Notre peur la plus profonde n'est pas que nous ne soyons pas à la hauteur, notre peur la plus profonde est que nous sommes puissants au-delà de toutes limites.

C'est notre propre lumière et non notre obscurité qui nous effraie le plus.

Nous nous posons la question,

qui suis-je, moi, pour être brillant, radieux, talentueux et merveilleux ?

En fait, qui êtes vous pour ne pas l'être ?

Vous êtes un enfant de Dieu.

Vous restreindre, vivre petit, ne rend pas service au monde.

L'illumination n'est pas de vous rétrécir

pour éviter d'insécuriser les autres.

Nous sommes tous appelés à briller, comme le font les enfants.

Nous sommes nés pour rendre manifeste la gloire de Dieu qui est en nous.

Elle ne se trouve pas seulement chez quelques élus ; elle est en chacun de nous.

Et au fur et à mesure que nous laissons briller notre propre lumière, nous donnons inconsciemment aux autres la permission de faire de même.

En nous libérant de notre propre peur, notre présence libère automatiquement les autres.

– Marianne Williamson

Ce poème est tiré du livre de Marianne Williamson, *Un retour à l'amour*, et il est souvent cité parce qu'il a fait partie du discours d'inauguration émouvant de Nelson Mandela.

Afin de mieux servir le monde, nous devons commencer par découvrir comment laisser briller notre propre lumière et célébrer celle des autres, en sachant que cette illumination collective servira à éclairer le chemin des voyageurs qui luttent autour de nous.

Donnez-vous la permission d'être brillant. Soyez talentueux. Soyez fabuleux. Chassez les nuages qui menacent d'amoindrir votre lumière. Laissez-la briller de mille feux.

Voyez-vous le ciel bleu ?

Je souhaite vous remercier pour l'honneur d'avoir partagé ce livre avec vous. Je rends hommage à votre courage, à votre persistance et à votre volonté d'adopter les pratiques pour passer à un autre niveau de puissance. Je vous souhaite un voyage incroyable, fait de contribution joyeuse et de service aux autres. N'oubliez jamais que le ciel est toujours bleu.

Hervé Da Costa

Devenir un maître

Aller plus loin avec Hervé Da Costa

Le terme "maîtrise" provient de la racine sanskrite *mah*, qui signifie meilleur, c'est-à-dire atteindre le statut et le savoir d'un *Maître*. Cela a trait à la capacité à produire des résultats significatifs et à maîtriser les mécanismes et les principes qui les produisent. La maîtrise est l'état dans lequel ils sont obtenus non pas avec de grands efforts et une recherche frénétique de meilleures performances, mais avec un sens de joie et de facilité. Dans cet état de conscience, les mécanismes sous-jacents ont pris un sens profond et plutôt qu'être perçus comme des outils nécessaires externes, ils deviennent personnels, intégrés. Ils deviennent une manière facile de simplifier les choses et d'économiser de l'énergie. Ils deviennent un fabuleux moyen à votre Âme de s'exprimer.

Le Cycle de la Sueur et de l'Esprit est fondé sur ces principes. En continuant d'explorer plus profondément les applications de chacune des sept étapes, vous allez rencontrer une réalité incroyablement joyeuse et riche : *vous créez votre avenir.*

Pour continuer ce voyage puissant, visitez les sites Internet listés ci-dessous et restez en contact avec Hervé Da Costa et son travail. Inscrivez-vous pour recevoir sa newsletter et pour participer à ses séminaires sur le leadership qui se tiennent partout dans le monde.

www.whatcolorisyoursky.com
www.herve.com
Facebook : what color is your sky

Made in the USA
Columbia, SC
23 November 2023